अंग्रेजी पुस्तक का प्रकाशन 2021 के पहले हुआ था
इस दौरान पत्र लिखने वाले कई दिग्गज हमारे बीच नहीं रहे हैं
ऐसे में हम उन सभी के प्रति अपने श्रद्धा-सुमन अर्पित करते हैं

सुनो माँ!

संदीप भूतोड़िया

प्रभात
प्रकाशन

यह मूल अंग्रेजी का हिंदी अनुवाद है
अनुवादक ने पत्रों की भावना को बनाए रखने की कोशिश की है
साथ ही यह प्रयास भी किया है कि हिंदी में प्रस्तुति करते समय
सामग्री यथासंभव मौलिक जैसी हो

प्रकाशक • **प्रभात प्रकाशन प्रा. लि.**
4/19 आसफ अली रोड,
नई दिल्ली–110002

संपादक • डॉ. रश्मि
पेपरबैक संस्करण • प्रथम, 2024
मूल्य • ग्यारह सौ रुपए
मुद्रक • आर–टेक ऑफसेट प्रिंटर्स, दिल्ली

SUNO MAA! *by* Shri Sundeep Bhutoria ₹ 1,100.00 (PB)
(Hindi translation of DEAR MAMA)
Published by Prabhat Prakashan Pvt. Ltd., 4/19 Asaf Ali Road, New Delhi-2
e-mail: prabhatbooks@gmail.com ISBN 978-93-5521-595-6

अनुक्रम

श्री नरेंद्र मोदी

मुझे यह जानकर प्रसन्नता हुई कि श्रीमती मोहिनी केंट माँ और बच्चे के विषय को केंद्र में रखकर एक पुस्तक तैयार कर रही हैं, जो उनके चैरिटी संस्थान 'लिली अगेंस्ट ह्यूमन ट्रैफिकिंग' के लाभार्थ है।

महिला सशक्तीकरण की दिशा में 'लिली' महत्त्वपूर्ण कार्य कर रही है और इसकी अनेक परियोजनाओं की सफलता प्रशंसनीय है। 'लिली' से जुड़े सभी लोगों को बधाई, जिनके कारण असंख्य वंचित स्त्रियों के जीवन में प्रसन्नता आई और उन्हें अपना जीवन पुन: बनाने में सहायता भी मिली।

यह उल्लेखनीय है कि लेखक ने इस पुस्तक में 'माँ के नाम पत्र' के प्रारूप को अपनाया है, जो इस संस्था के कार्यों के सर्वथा अनुकूल है। माँ हमारी सतत प्रेरणा का स्रोत होती है और सभी चुनौतियों का सामना करने में हमारी शक्ति भी होती है।

अनेक गणमान्य लोग इस पुस्तक में अपने विचारों को कलमबद्ध कर रहे हैं। मैं यह आशा करता हूँ कि यह पुस्तक अपने पाठकों को इसके लिए प्रेरित करेगी और वे अपने आप को महिला सशक्तीकरण के लिए समर्पित कर पाएँगे।

इस पुस्तक की सफलता और भविष्य में लिली द्वारा किए जाने वाले सभी अभियानों के लिए बहुत-बहुत शुभकामनाएँ!

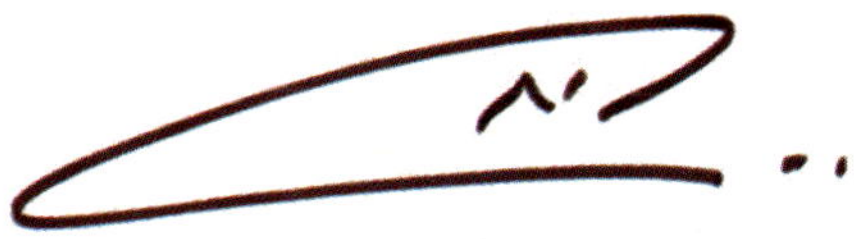

(श्री नरेंद्र मोदी भारत के पहले ऐसे प्रधानमंत्री हैं, जिनका जन्म स्वतंत्रता के बाद हुआ। उनका जन्म एक साधारण परिवार में हुआ था। उनके पिता रेलवे स्टेशन पर चाय की दुकान चलाते थे। उनके नेतृत्व में उनकी पार्टी भाजपा ने वर्ष 2014 तथा 2019 में रिकॉर्ड बहुमत से जीत दर्ज की। उन्होंने भारत में गरीबी को तेजी से मिटाने का संकल्प लिया, गरीबों के लिए 50 करोड़ बैंक खाते खुलवाने का कार्य किया, साथ ही वंचित समुदाय को आवास, बिजली, स्वास्थ्य सुविधाएँ और पेंशन सुलभ करवाने जैसे महत्त्वपूर्ण कार्य किए।)

प्रधानमंत्री श्री मोदी द्वारा प्रेषित पत्र से उद्धृत पंक्तियाँ।

9.20 से 10.00
10.00 से 10.20
10.20 से 10.40
10.40 से 11.10
11.10 से 11.30
12.00
9.40
10.20
11.00
11.20
11.40
12.10
12.30

माँ

माँ, मम्मा, मदर, मम्मी, अम्मा, अम्मी ये मात्र शब्द नहीं, वरन् बच्चे के लिए उसका पूरा-का-पूरा संसार है। इस एकमात्र शब्द को पुकारने भर से जैसे सारी-की-सारी समस्या कहीं विलीन हो जाती है। माँ के संस्पर्श से हम स्वयं को एक ऐसे आवरण से आच्छादित पाते हैं, जहाँ पूर्ण सुरक्षा हो।

बचपन में हमारे मन में उठने वाले हर सवाल का जवाब माँ होती है, हर पीड़ा में सांत्वना का मरहम माँ ही होती है। यदि माँ हो तो हर दु:ख, हर बीमारी, हर संकट स्वत: टल जाता है। उसके आँचल में खुद को समेटते हुए हमें ऐसा लगता है, मानो हमने पृथ्वी की चादर ओढ़ ली हो, जिसमें अनगिनत चाँद-सितारे जड़े हों।

ब्रिटेन की महारानी के 75वें जन्मदिवस पर आयोजित कार्यक्रम में प्रिंस चार्ल्स ने भी महारानी को 'मम्मी' कहकर पुकारा था और उनका अपनी माँ को इस प्रकार के संबोधन से पुकारना सही भी है, क्योंकि माँ भले ही महारानी हो, सर्वप्रथम तो वह भी एक माँ ही होती है। माँ का प्रेम महान, नि:स्वार्थ और अमूल्य होता है, जिसके कारण उसे धरती पर देवों की प्रतिछवि माना जाता है। लेकिन क्या ऐसा हरदम सच होता है ? क्या ऐसा सौभाग्य सबको मिलता है ? इसका जवाब अधिकांश समय 'हाँ' होता है, किंतु विडंबना है कि कई बार 'न' भी होता है।

मेरी चैरिटी संस्था 'लिली अगेंस्ट ह्यूमन ट्रैफिकिंग' संगठन का नाम चार साल की एक बच्ची के नाम पर रखा गया, जिसे चंद पैसों (कुछ पाउंड) के बदले एक दलाल को बेच दिया गया था। वह दलाल उस बच्ची को लेकर गायब हो गया और जब तक उसको खोज निकाला जाता, तब तक वह उस बच्ची को बीस गुना अधिक कीमत पर एक वेश्यालय में बेच चुका था। लिली को छुड़ा तो लिया गया, लेकिन तब तक उसके साथ अमानवीयता की सीमा पार की जा चुकी थी। उसे उस नारकीय परिवेश से निकालकर एक सुरक्षित निवास में ले जाया गया, समय के साथ-साथ उसने खुद को सँभाला और कालांतर में अपनी यूनिवर्सिटी तक की शिक्षा पूरी की।

जब लिली अठारह साल की हुई, तब मैंने उससे पूछा कि उसके जीवन का उद्देश्य क्या है ? उसने उत्तर में कहा—"मैं सभी माताओं को अपने बच्चों से प्रेम करना सिखाना चाहती हूँ।" उसका ऐसे कहने के पीछे कारण यह था कि लिली को उसकी अपनी ही माँ ने दलाल के हाथों बेच दिया था, जो कि पेशे से स्वयं एक वेश्या थी। लिली की माँ को मादक द्रव्यों एवं शराब की बुरी लत थी। उसने बताया कि "मेरी माँ मुझसे प्यार नहीं करती थीं। यदि उन्हें मुझसे प्यार होता तो उन्होंने मुझे चंद पैसों के लिए किसी दलाल को बेचा नहीं होता।"

लिली को अपनी ही माँ से धोखा मिला था, किंतु ऐसी कुछ माँओं को छोड़ दिया जाए तो अधिकांशत: माताएँ ऐसी हैं, जिन्होंने अपने बच्चों को महानता के मार्ग पर चलना सिखाया। अपनी माँ की दी शिक्षाओं के बल पर उन बच्चों ने दुनिया में बड़ा नाम कमाया और वे समाज में बड़े-बड़े बदलाव लाए। मैडम क्यूरी पहली महिला वैज्ञानिक थीं, जिन्हें एक नहीं, दो-दो 'नोबेल पुरस्कार' से सम्मानित किया गया था। सन् 1903 में उन्हें फिजिक्स के लिए अपने पति तथा एक और वैज्ञानिक के साथ संयुक्त रूप से 'नोबेल पुरस्कार' दिया गया; फिर सन् 1911 में उन्हें केमिस्ट्री में 'नोबेल पुरस्कार' मिला। सन् 1906 में अपने पति के देहांत के बाद उन्होंने अपनी दो बेटियों को अकेले ही पाला, जिनमें से एक बेटी आइरेन को भी 'नोबेल पुरस्कार' मिला। सन् 1935 में उन्हें अपने पति के साथ केमिस्ट्री का 'नोबेल पुरस्कार' प्राप्त हुआ।

राष्ट्रपिता महात्मा गांधी पर उनकी माँ पुतलीबाई का बहुत गहरा प्रभाव था। पुतलीबाई के जीवन का आधार ही धर्म था। महात्मा गांधी ने आगे चलकर उसी धर्म को एक ऐसी शक्ति में बदल दिया, जिसने भारत में ब्रिटिश साम्राज्य के सैन्य बल पर विजय पाई। दुबले-पतले और संत प्रकृति के गांधीजी अपने लिए स्वयं खादी तैयार करते थे। वे सिर्फ एक धोती पहनते थे और उसी अवस्था में वे साधारण आदमी से लेकर राजा तक से मिलते थे। रवींद्रनाथ टैगोर ने उनके बारे में लिखा था—'गांधी हजारों वंचितों की झोपड़ियों के बाहर खड़े रहने वाले ऐसे व्यक्ति थे, जो उन्हीं के समान दिखते थे, उनके जैसे कपड़े पहनते थे। इसे ही सत्य को जीना कहते हैं, न कि पुस्तकों के उद्धरण मात्र। गांधीजी के आह्वान पर भारत ने महानता की नई ऊँचाइयों को छुआ।' भारत की जनता ने अपने भाग्य को उनके हाथों में सौंप दिया था और उस नायक राजनेता संत ने शांतिपूर्ण ढंग से भारत को स्वतंत्रता दिलाई। यह स्वयं में एक असाधारण बात थी।

गांधी के व्यक्तित्व, जिसमें मुस्कान तो थी, साथ ही स्वभाव में विनोद भी था। इन दोनों गुणों को उन्होंने अपनी माँ से प्राप्त किया था। उनकी माँ अपने सिद्धांतों की बहुत पक्की थीं और अपने संकल्पों से डिगने वाली महिला नहीं थीं। जब महात्मा गांधी कानून की पढ़ाई के लिए इंग्लैंड जा रहे थे तो उनकी माँ ने उनसे वचन लिया था कि वे स्त्री से सदैव दूरी बनाकर रखेंगे, शराब, मादक द्रव्यों तथा मांस का सेवन नहीं करेंगे। उन्होंने अपनी माँ की बात को पूरा सम्मान देते हुए अपनी सहमति जताई और फिर माँ को दिए अपने वचन का जीवन भर पालन

किया, उसे अंतिम क्षणों तक कभी नहीं तोड़ा। जब वे इंग्लैंड में थे, तभी पुतलीबाई का देहांत हो गया। उनमें सहजता, सौम्यता, सादगी तथा क्षमा कर देने का भाव अपनी माँ पुतलीबाई के व्यक्तित्व की ही देन थीं।

"स्त्री को कमजोर कहना उनके प्रति अपमानजनक होता है। यह पुरुष का स्त्री के प्रति अन्यायपूर्ण दृष्टिकोण है। यदि शक्ति का पर्याय नैतिक बल से लिया जाए तो इस रूप में स्त्री पुरुष से बहुत आगे है। यदि अहिंसा हमारे अस्तित्व का नियम है तो भविष्य स्त्री का है।"—यह उनका कहना था। गांधीजी ने उपवास करना भी अपनी माँ से ही सीखा था। पुतलीबाई लंबे-लंबे समय तक उपवास किया करती थीं, जिनमें चार महीनों का चातुर्मास भी शामिल था। उस चार महीने की अवधि में वे दिन में बस एक बार ही भोजन करती थीं, जबकि उनके चार छोटे-छोटे बच्चे माँ के साथ भोजन करने के लिए प्रतीक्षा करते रहते थे।

गांधीजी ने उसी उपवास का प्रयोग राजनीतिक परिवर्तन के लिए किया। उन्होंने पहली बार सन् 1913 में दक्षिण अफ्रीका में 7 दिनों का उपवास किया था। उनका सबसे लंबा उपवास असाधारण रूप से 21 दिनों तक चला था। कई दशकों के राजनीतिक संघर्ष के दौरान उन्होंने कई बार उपवास किए। उन्होंने सांप्रदायिक सौहार्द के लिए उपवास किए, साम्राज्यवादी अन्याय के विरुद्ध उपवास किए, राजनीतिक हिंसा के विरुद्ध उपवास किए और जो कुछ भी उनके अपने अहिंसक आचार-विचारों से तालमेल नहीं खाता था, उन सबके विरुद्ध उपवास किए। उन्होंने अपने बल पर मानवता के पाँचवें हिस्से के विद्रोह को शांतिपूर्ण व अहिंसक रहने दिया, जिसके लिए ब्रिटिश साम्राज्य को उनका कृतज्ञ होना चाहिए था। जैसे-जैसे समय बीतता गया, मोहनदास करमचंद गांधी का कद बढ़ता चला गया। उनका व्यक्तित्व एक साधारण वकील से असाधारण महात्मा में परिवर्तित हो गया और उनकी प्रसिद्धि दुनिया भर में फैल गई। लाखों लोग उनके प्रशंसक और भक्त बन गए। उनके प्रति अपेक्षाएँ बढ़ गईं। गांधी जिस तरह से सभी को साथ लेकर चलते थे, सबका ध्यान रखते थे, वह उनके लिए एक दायित्व की तरह था। एक बार उन्होंने बहुत अफसोस के साथ लिखा था—'महात्मा होने का दर्द महात्माओं को ही समझ में आ सकता है।' अल्बर्ट आइंस्टीन ने महात्मा गांधी के बारे में कहा था—"आने वाली पीढ़ियों को इस बात पर शायद ही विश्वास हो कि हाड़-मांस का कोई ऐसा पुतला इस धरती पर आया भी था।"

आइंस्टीन की माँ पॉलीन एक धनाढ्य माता-पिता की शिक्षित संतान थीं। वे खुद भी एक प्यार करने वाली माँ थीं। लेकिन जब अल्बर्ट का जन्म हुआ तो वे उनके विशाल सिर को देखकर हैरान रह गईं। डॉक्टरों को इसमें कुछ भी असामान्य नहीं लगा, लेकिन उनकी चिंता बनी रही। आगे चलकर यही 'आइंस्टीन' नाम 'जीनियस' का पर्याय हो गया। उनकी माँ ने उन्हें खूब पढ़ाया-लिखाया। जब आइंस्टीन की आयु पाँच साल की थी तो उनकी माँ ने उन्हें वायलिन सीखने के लिए भेजना शुरू किया। वे स्वयं भी बहुत अच्छा पियानो बजाती थीं। वे आइंस्टीन के हर काम में गहरी रुचि लेती थीं और उनके सापेक्षता के सिद्धांत को बहुत सरल ढंग से लोगों को समझा भी सकती थीं। बाद में जब आइंस्टीन को सन् 1921 में 'नोबेल पुरस्कार' मिला तो उनकी बूढ़ी माँ ने विनोद के साथ उनसे कहा—"मैं तो क्या शायद ईश्वर भी तुम्हारे इस विशाल सिर के लिए कुछ नहीं कर सकता; लेकिन हम तुम्हारे बालों का तो कुछ कर ही सकते हैं।" यह उनकी माँ का उनके प्रति स्नेह और विनोद था। उनकी माँ का देहांत बर्लिन में उनके ही घर में हुआ।

माँ बनने के लिए किसी स्त्री को स्वयं अपना बच्चा पैदा करने की आवश्यकता नहीं होती; वह अपनी ममता से हर बच्चे की माँ हो सकती है। मेरे अपने बच्चे नहीं हैं पर 'लिली चैरिटी' सभी बच्चों के प्रति मेरे प्रेम और सहिष्णुता की अभिव्यक्ति है। प्रेम और शिक्षा पर बच्चों का जन्मसिद्ध अधिकार है; उन्हें इन दोनों से वंचित नहीं किया जा सकता। मातृत्व का सार्वभौम सिद्धांत होता है—बिना शर्त प्रेम! निःस्वार्थ प्रेम। यह विश्व भी मातृत्व प्रेम का ही पर्याय है। प्रेम पर सिर्फ स्त्री का एकाधिकार नहीं है; प्रेम पुरुष व स्त्री दोनों से प्रवाहित हो सकता है। बच्चे को दोनों समान रूप से प्रेम कर सकते हैं।

अब्राहम लिंकन की दो माताएँ थीं—उन्हें जन्म देने वाली माँ नैंसी, जिनकी मृत्यु कम उम्र में ही हो गई थी और उनकी सौतेली माँ सारा थी। नैंसी ने बचपन से ही उनके मस्तिष्क में सत्य, सहिष्णुता तथा अच्छी शिक्षा की आवश्यकता को अंकित कर दिया था। लिंकन आज्ञाकारी और उत्तम स्वभाव वाले बालक थे। जब वे नौ साल के थे, तब सारा का उनके पिता से विवाह हुआ और विवाह के उपरांत वे माँ के रूप में अब्राहम लिंकन के जीवन में आई थीं। वे उनसे अत्यंत प्रेम करती थीं। उनका लालन-पालन स्नेहपूर्वक करतीं, उनके लिए पुस्तकें खरीदतीं और हर तरह से उनके विकास को प्रोत्साहित करती थीं। दोनों ही समर्पित माँ-बेटे थे। सन् 1865 में जब फोर्ड थिएटर में अब्राहम लिंकन की हत्या हुई तो सारा ऐसे फूट-फूटकर रोने लगीं, मानो उन पर दुःखों का पहाड़ टूट पड़ा हो। ओपेनहाइमर ने लिखा है—'सारा ने उस असाधारण प्रतिभाशाली लड़के की प्रतिभा को उस समय ही पहचान किया था, जब बाकी लोग उन्हें दुबला-पतला, बेवकूफ और कम अक्ल समझते थे। अपने बच्चे की प्रतिभा को पहचानने और निखारने का काम सही मायने में माताएँ ही कर सकती हैं। जैसा सारा ने किया।'

आपके व्यवहार की बहुत सारी बातों को माताएँ नि:शब्द भाव से देखती रहती हैं। जंगल में माता हिरण बार-बार खतरनाक कगारों पर कूदती है, जिससे कि अपने भयभीत बच्चों को भी उन खतरों से खेलना सिखा सके और वे भी खतरों का सामना करना सीख सकें।

मुझे भी मेरी अपनी माँ अमृत ने बुद्धिमान एवं साहसी होना सिखाया, ताकि मैं स्वयं को नाना प्रकार से अभिव्यक्त कर सकूँ। वे एक विदुषी महिला थीं। उन्होंने पवित्र 'गुरु ग्रंथ साहिब' का गहनता से अध्ययन किया था। खुद भी उन्होंने अंग्रेजी, उर्दू तथा पंजाबी में अनेक पुस्तकें लिखी थीं। वे बिना किसी ऊँच-नीच या भेदभाव के सभी के साथ मित्रतापूर्ण व्यवहार करती थीं और हमें भी मानवीयता के साथ संतोषपूर्वक जीना सिखाया। उनका स्वभाव बहुत अच्छा था। यहाँ तक कि उनका स्वभाव तब भी उतना ही अच्छा बना रहता था, जब उनके हम तीनों बच्चे उद्दंडता किया करते। वास्तविक संसार में जिन लोगों में सुंदरता, सत्य, त्याग तथा न्याय की भावना होती है, वे अति-संवेदनशील होते हैं। उन्हें छोटी-छोटी बातों से चोट पहुँचाई जा सकती है और निरंतर आलोचना करके उनकी प्रतिभा को नष्ट भी किया जा सकता है। लेकिन मेरी माँ ऐसी नहीं थीं। उन्होंने विपरीत परिस्थितियों में भी खुद को निखारा। उन्होंने यूरोपीय इतिहास एवं राजनीति में शिक्षा प्राप्त की थी। उन्हें ऐतिहासिक उपन्यास पढ़ना बहुत अच्छा लगता था। उन्होंने मुझे भी संग्रहणीय पुस्तकें खरीदकर दी थीं। वे पढ़ने की इतनी शौकीन थीं कि अपनी आँखों की कम होती रोशनी की परवाह किए बिना निरंतर पढ़ती रहतीं। हम अपनी पुस्तकें साझा करके पढ़ा करते थे। वे अत्यंत सहज व सरल स्वभाव की महिला थीं। यदि कोई उनके सामने झूठ भी बोलता था तो वे नाराज नहीं होती थीं, बल्कि उसकी बातों को हँसी में उड़ा दिया करती थीं। हँसी उनके व्यक्तित्व का सबसे बड़ा उपहार था। उन्होंने हम बच्चों को भी चार्ली चैप्लिन एवं अन्य हास्य कलाकारों से परिचित करवाया। और तो और, सिखों ने अपने मजे के लिए जो चुटकुले बनाए थे, उनसे भी परिचित करवाया।

मेरे बचपन का पंजाब मेरे लिए यादगार है। पंजाब मेरे लिए बहुत सहज व सम्मानित स्थान है, जहाँ हमारा परिवार एक साथ होता था और हम मिल-जुलकर खान-पान, मनोरंजन आदि करते थे। मेरी नानी के पास एक जर्सी गाय हुआ करती थी, जो माँ के आने पर आँसू बहाकर रोने लगती थी। एक बार जब पंजाब के अंग्रेज गवर्नर की पत्नी मेरी नानी के घर चाय पर आईं तो मेरी नानी का पालतू बंदर उनकी टोपी लेकर भाग गया। नानी सिख रियासत कपूरथला की कँवरानी मदनजीत सिंह अमृतसर की लड़की थीं, जिनके पूर्वजों को गुरुओं की ओर से स्वर्ण मंदिर के मस्सदी की उपाधि प्रदान की गई थी। हम हर साल स्वर्ण मंदिर मत्था टेकने जाते थे, जहाँ मेरी माँ अपनी सधी हुई मधुर आवाज में गुरबानी गाती थीं। हमारे जीवन में आध्यात्मिकता माला के धागे की तरह गुँथी थी। मेरी माँ, अपनी माँ के बेहद करीब थीं और मैं अपनी माँ के साथ बँधी हुई थी। हमारे सभी गुरुओं ने असीम यंत्रणा सही और मृत्यु के मुहाने पर खड़े रहकर भी उन्होंने वीरता, सम्मान तथा सत्य का एक कठिन उदाहरण प्रस्तुत किया। जब मेरी नानी के पति यानी नानाजी कँवर मदनजीत सिंह अपने पीछे जुए में हारा हुआ बहुत सारा कर्ज छोड़कर दुनिया से चले गए तो मेरी नानी ने अनुकरणीय उदाहरण प्रस्तुत किया। वे निरंतर इस बात पर जोर देती रहीं कि पूरा कर्जा चुका दिया जाए; जबकि उस समय की अदालत के आदेश के अनुसार मेरी युवा विधवा नानी को रियायत दी गई थी, क्योंकि अंग्रेज गवर्नर चाहते थे कि वे पहले अपने आप को अच्छे से व्यवस्थित कर लें। जबकि मेरी नानी ने पहले सारा कर्जा चुकाने का निर्णय लिया। जिसका नतीजा यह हुआ कि उन्हें अपने घर, अपनी डेमलर कार तथा बाकी तमाम कीमती चीजों से हाथ धोना पड़ा और एक किराए के घर में अपना गुजारा करना पड़ा। राजपरिवार में पली-बढ़ी होने के कारण वे बहुत भले स्वभाव की थीं और कभी किसी चीज की माँग नहीं करती थीं; बल्कि बिना किसी नखरे के लेखन, अभिनय तथा गायन के माध्यम से वे अपने आसपास के माहौल को खुशगवार बनाए रखती थीं। मेरे खयाल से सभी माताएँ ऐसी ही होती हैं। बच्चे अपनी माँओं से बहुत कुछ सीखते हैं और एक सोख्ता कागज की तरह उनके कहे व अनकहे शब्दों को ग्रहण करते रहते हैं। मेरी माँ ने मुझे उसी सादगी एवं सच्चाई से रहना सिखाया, जो कि उन्होंने अपनी माँ से एक सबक के रूप में सीखा था।

शायद मैंने अपने इस जीवन के लिए खुद ही उन्हें एक माँ के रूप में चुना होगा, क्योंकि उनका नाभि-नाल उनके रहते हुए भी और उसके बाद भी मुझसे जुड़ा रहा। उनका असाधारण एवं खुशमिजाज व्यक्तित्व मेरे जीवन का मार्गदर्शक है। आध्यात्मिकता भी यही कहती है कि हम अपनी माँ को स्वयं चुनते हैं।

मृत्यु की तिब्बती पुस्तक 'बार्डो थोडोल' में इसका वर्णन मिलता है कि शरीर से अलग होने के बाद आत्मा कैसे आगे बढ़ती है और किस प्रकार पुनर्जन्म की प्रक्रिया से गुजरती है। यदि यह पूछा जाए, "अपनी कहानी सुनाने के लिए वापस कौन आया?" इसका तिब्बतवासी यह जवाब देंगे, "कौन नहीं लौटा?" बस, बात यही है कि हमें याद नहीं रहता है। मृत्यु के बाद आत्मा कुछ समय के लिए मूर्च्छित अवस्था में रहती है और जब उसका पुनर्जन्म हो रहा होता है, उस समय भी वह मूर्च्छित अवस्था में ही रहती है। 'बार्डो थोडोल' को पद्म संभव को समर्पित किया गया है, जिनको 'गुरु रिंपोचे' के नाम से भी याद किया जाता है, यानी वह योगी और रहस्यवादी, जिसने आठवीं शताब्दी में

तिब्बत का परिचय बौद्ध धर्म से करवाया। उसमें यह कहा गया है कि आत्मा अपने जन्म-स्थान को चुनती है और यहाँ तक कि वह महाद्वीप का चयन भी स्वयं ही करती है। इस पुस्तक में इस बात पर विलाप किया गया है कि कर्म के बोझ से इसके लिए योनि में फिर से प्रवेश करना पड़ता है और इसमें योनि मुख के चयन को लेकर शिक्षा दी गई है।

माँ का दूध उसके बच्चे के शरीर, मानस तथा बुद्धि को पोषित करता है; जबकि उसका आलिंगन बालक का संसार में स्वागत करता है। वह अपने बच्चे के लिए साहस, रचनात्मकता तथा आत्मविश्वास का उदाहरण बन सकती है अथवा स्वार्थ एवं लालच का। बच्चे धरती पर ईश्वर का उपहार होते हैं, ताकि विकास के क्रम को और आगे तथा ऊपर की ओर ले जाया जा सके।

जैकी कैनेडी ने कहा था—"अगर आप अपने बच्चे के पालन-पोषण में कोताही बरतते हैं तो मुझे लगता है कि आप इसके अलावा अपने जीवन में और कितने ही बड़े-बड़े काम क्यों न कर लें, इस बात से कोई अंतर नहीं पड़ता है।"

गौतम बुद्ध की सौतेली माँ गौतमी ने छोटे राजकुमार का खूब ध्यान रखा था। शायद बुद्ध ने इसी कृतज्ञता के फलस्वरूप गौतमी को भी बौद्ध धर्म की दीक्षा प्रदान की थी।

जब राजकुमार सिद्धार्थ का जन्म हुआ तो राज्य में बहुत खुशी का माहौल था, विशेष रूप से इस कारण से कि महारानी माया को यह सौभाग्यसूचक स्वप्न आया था कि एक महान आत्मा का जन्म होने वाला है। लेकिन सिद्धार्थ के जन्म के सात दिन बाद ही महारानी का निधन हो गया। राजा शुद्धोधन ने माया एवं गौतमी नामक दो बहनों से विवाह किया था, माया की मृत्यु के बाद गौतमी रानी बन गईं। गौतमी को भी एक पुत्र हुआ, जिसका नाम नंद था; लेकिन उन्होंने अपने पुत्र के लिए 'धाय' यानी आया रख ली और स्वयं को पूरी तरह से अपने सौतेले पुत्र के प्रति समर्पित कर दिया। संस्कृत में एक श्लोक है, जिसके अनुसार, जब एक माँ का निधन होता है तो देवता मंदिर छोड़ देते हैं। इसे और अधिक व्यावहारिक रूप से कहें तो इसके अनुसार जब एक माँ का निधन हो जाता है तो उसके बच्चे की देखभाल करने वाले मुख्य व्यक्ति का ही अंत हो जाता है।

राजकुमार सिद्धार्थ का लालन-पालन अनेक सुख-सुविधाओं के बीच हुआ और उन्हें जीवन के सभी दु:खों से दूर रखा गया, फिर भी उन्हें इस बात को जानने की तीव्र इच्छा हुई कि जीवन का शाश्वत सत्य क्या है? एक रात जब सभी सोए हुए थे, उनकी पत्नी और पुत्र भी गहरी निद्रा में थे, उसी वक्त राजकुमार जीवन के सत्य की तलाश में घर छोड़कर निकल पड़े और संन्यासी बन गए। उनके अंदर की एकाग्रचित्तता ने उन्हें सिद्धार्थ से बुद्ध बना दिया और फिर जब वे संसार में पुन: लौटे तो सभी को दु:ख से मुक्ति का मार्ग बताने लगे।

जब गौतम बुद्ध अपने पूर्व राज्य में उपदेश देने के लिए आए तो उनके पुत्र राहुल, उनके सौतेले भाई नंद एवं चचेरे भाई आनंद ने भी सांसारिक जीवन का त्याग कर दिया और उनके अनुयायी बन गए। गौतमी ने धम्म में शामिल होने की इच्छा जताई तो बुद्ध ने इनकार कर दिया। उन्होंने किसी भिक्षुणी को अपने मार्ग से नहीं जोड़ा था। बुद्ध और उनके साथ चलने वाले यायावर भिक्षु वहाँ से जल्दी ही निकल गए और गौतमी अकेली रह गईं। उन्होंने तय किया कि वे 500 स्त्रियों के साथ उनका अनुसरण करेंगी। पवित्र वस्त्रों को धारण कर तथा अपना सिर मुँड़वाकर गौतमी उन स्त्रियों को दुर्गम मार्ग से लेकर सैकड़ों मील चलकर उस स्थान पर पहुँच गईं, जहाँ बुद्ध ठहरे हुए थे। चूँकि गौतमी को पहले मना कर दिया गया था, इसलिए वह बाहर प्रतीक्षा करने लगीं और अपने भतीजे आनंद के द्वारा संदेश भिजवाया। आनंद भगवान बुद्ध के सबसे प्रिय शिष्य थे। आनंद अपनी चाची को उस स्थिति में वहाँ देखकर हैरान थे। लेकिन गौतमी ने उन्हें समझाया कि वह भगवान बुद्ध के पास उनका संदेश लेकर जाएँ, ताकि वे उन्हें भी दीक्षा प्रदान करें। कहा जाता है कि बुद्ध ने एक बार फिर से मना कर दिया, तब गौतमी ने उन्हें यह याद दिलाया कि वे उनके लिए माँ से कहीं अधिक रही हैं और उन्होंने अपने पुत्र से ऊपर उन्हें स्थान दिया है। अंतत: बुद्ध मान गए। प्राप्त जानकारी के अनुसार महाप्रजापति गौतमी एकमात्र ऐसी स्त्री थीं, जिन्हें बुद्ध ने दीक्षा दी थी। उनके बारे में कहा जाता है कि उन्हें भी ज्ञान की प्राप्ति हुई थी। इससे यह साबित होता है कि आध्यात्मिक क्षेत्र में स्त्रियाँ भी पुरुषों के समान अग्रसर होती हैं। आगे चलकर गौतमी ने बौद्ध भिक्षुणियों के संघ की स्थापना की।

दलाई लामा भी बुद्ध की ही भाँति शांति व सहिष्णुता का संदेश लेकर संसार में आए हैं। अपने पत्र में वे लिखते हैं—'मेरी माँ ने मुझे सबसे पहले सहिष्णुता की शिक्षा दी थी, यही कारण है कि मैं यह मानता हूँ कि करुणा की पहली शिक्षा हमें घर में ही मिलती है। मेरा यह भी विश्वास है कि जिन लोगों को बचपन में अपनी माँ से प्रेम मिलता है, बड़े होने पर उन्हें गहरी आंतरिक शांति का एहसास होता है, जो स्वस्थ मानवता के विकास में योगदान करता है।' दलाई लामा अपने शत्रुओं से किसी भी प्रकार की घृणा नहीं रखते। तिब्बत के लोगों की आजादी के लिए उन्होंने अपने बल पर ही शांतिपूर्ण एवं अहिंसा से भरा लंबा संघर्ष किया, जिसके लिए दुनिया को इस आध्यात्मिक नीति

उपदेशक का आभार व्यक्त करना चाहिए।

'माँ में यह क्षमता होती है कि वह अपने प्रेम के द्वारा हमें उन्मुक्त कर सकती है या अपनी उपेक्षा के द्वारा हमें संकीर्ण बना सकती है। वह हमारी पहली गुरु होती है और पहला प्रेम भी!' असाधारण कवयित्री माया एंजेलो ने लिखा था कि 'जीवन में माँ ही प्रथम गुरु होती है।'

पांडिचेरी की माँ, आध्यात्मिक गुरु तथा महर्षि अरविंद की सहयोगी मीरा ने बताया कि किस तरह से उनकी माँ ने उनके व्यक्तित्व को गढ़ा। मीरा का जन्म पेरिस के एक फ्रेंच परिवार में हुआ था। उनकी माँ एक सामाजिक महिला थीं, जिन्होंने अपने दोनों बच्चों को अनुशासन में रहने एवं कर्तव्य करने की आवश्यकता का पाठ पढ़ाया। उनका कहना था कि जीवन का तात्पर्य मौज-मस्ती नहीं है, बल्कि अपने कर्तव्यों का पालन करते हुए आगे बढ़ना है। उन्हें इस बात की गहरी समझ थी कि संसार के प्रगति-पथ पर उनके बच्चे पहले से बेहतर हों। उनकी संकल्प-शक्ति बहुत सशक्त थी और वे एक बार जिस बात का संकल्प ले लेती थीं, उससे उन्हें कोई डिगा नहीं सकता था। हमारे समय के एक बड़े आध्यात्मिक व्यक्तित्व के लिए यह बहुत अच्छी शिक्षा थी। माँ ने लिखा है कि इससे मुझे यह शिक्षा मिली कि मौज-मस्ती एवं आनंद नहीं मनाना चाहिए; बल्कि इस बात को स्वीकार कर लेना चाहिए कि जिंदगी बहुत मुश्किल होती है और यह आपको जैसी मिली है, आपको उसे उसी रूप में स्वीकारना चाहिए।

माँ जब करीब 5 साल की थीं तो उन्होंने योग करना शुरू कर दिया। ऐसा करते हुए उन्हें अपने सिर के ऊपर एक प्रकाश दिखाई दिया और वे समझ गईं कि 'मुझे इसी के लिए जीना है और मुझे यही होना है।' अपने अनुयायियों से उन्होंने जोर देते हुए यह कहा कि वे हमेशा उन्मुक्त रहें, कभी जिद न करें तथा प्रगति करने के लिए अपने अस्तित्व को लचीला बनाएँ। तानाशाहों की भी माताएँ थीं, जो उनसे प्रेम करती थीं। हिटलर, जिसने कि डेथ कैंप चलाए और जो द्वितीय विश्वयुद्ध में करोड़ों लोगों की मृत्यु का कारण बना, वह भी दैत्य बनने से पहले एक ऐसा बच्चा था, जो कि अपनी माँ से बेहद प्रेम करता था। जब वह छोटा था और उसके पिता उसकी पिटाई करते थे तो उसकी माँ अपनी पूरी कोशिश करके उसे पिता की मार से बचाती थीं।

पिता की मृत्यु हो जाने के बाद उसे स्कूल से निकाल दिया गया और वह भटक गया। सन् 1907 में वह कलाकार बनने के लिए वियना पहुँचा। जब उसकी माँ अपने जीवन के अंतिम पड़ाव पर थीं और बेहद बीमार पड़ीं तो वह उनकी देखभाल के लिए लौटकर उनके पास आ गया। उसकी माँ की मृत्यु उसी साल हो गई। हिटलर की जेब में अंत समय तक अपनी माँ की तस्वीर रही। बर्लिन में एक बंकर में उसने आत्महत्या कर ली थी।

दुनिया के सबसे प्रसिद्ध चित्रों में मैडोना तथा उनके बच्चे का चित्र है। एक बार जीसस उपदेश दे रहे थे, तभी एक स्त्री बोल पड़ी, "वह माँ कितनी सौभाग्यशाली हैं, जिन्होंने आपको जन्म दिया और आपका लालन-पालन किया।" 'मैडोना' शब्द का प्रयोग जीसस की माँ के लिए किया जाता है; लेकिन जब इसी नाम की प्रसिद्ध पॉप गायिका परिदृश्य पर आईं तो मुझे याद है कि एक मजाकिया पत्रकार ने यह टिप्पणी की थी कि मैडोना नाम को पहले एक लकड़हारे की पत्नी के ऊपर व्यर्थ कर दिया गया था।

एक माँ के रूप में मैरी भी अपने बेटे के कार्यों से हतप्रभ रही होंगी। उनके कहने पर ही उन्होंने काना के विवाह पर पहला चमत्कार किया था, जब उन्होंने पानी को शराब में बदल दिया था। जब ईसा मसीह बारह साल के थे और उनके माता-पिता उन्हें लेकर पूजाघर गए और वहाँ भीड़ में वे खो गए। बेटे के खोने पर उनकी माता बहुत घबरा गई थीं। बाद में उन्होंने पाया कि उनका बेटा तो पूजाघर में ही बैठा हुआ है। जब जीसस से पूछा गया तो उन्होंने लोगों को बताया कि यह उनके पिता का घर है। फिर वे जोसेफ और मैरी के साथ नजारथ लौट आए। यह कहा जाता है कि उनकी माँ ने इन सारी स्मृतियों को अपने हृदय में सँजोए रखा। ये स्मृतियाँ तब और मूल्यवान हो गईं, जब मैरी उस सलीब के नीचे बैठी, जिसमें रोमनों ने कील से उनके बेटे को जड़ दिया था। चार शताब्दियों के बाद इफिसुस की परिषद् ने मैरी को ईश्वर की माँ का दर्जा दिया।

मैरी को असाधारण दैवी कृपा प्राप्त थी! लेकिन हर जन्म अपने आप में चमत्कार होता है, जब आत्मा और पदार्थ कोख में एक साथ आकर एक मनुष्य का निर्माण करते हैं।

मेवलाना रूमी ने कहा है, "स्त्री कोई जीव नहीं है; बल्कि वह सर्जक है।"

हमारी कई माताएँ हैं। 'ऋग्वेद' में पृथ्वी को माता कहा गया है तथा आकाश को पिता अथवा द्यौ-पिता। संसार के सबसे ऊँचे पहाड़ को देशी भाषा में चोमोलुंगमा, यानी 'विश्व की देवी माँ' कहा गया है। बहुत बाद में जाकर पश्चिम के लोगों ने इसका नाम 'एवरेस्ट' रखा था।

इस पुस्तक में अलग-अलग महादेशों के महानुभावों के पत्रों को संकलित किया गया है। राजनीति, व्यवसाय, कला और यहाँ तक

कि अध्यात्म से जुड़े स्त्री-पुरुषों के पत्रों को सम्मिलित किया गया है। इतने सारे शानदार लोगों ने इस पुस्तक में अपना योगदान दिया है कि सभी लोगों के नाम का उल्लेख करना संभव नहीं है। लेकिन मैं उन सबके प्रति हृदय से आभारी हूँ कि उन लोगों ने प्रकाशन के लिए निजी पत्र लिखे। उनके द्वारा लिखे पत्रों में उनकी भावनाओं को स्पष्ट रूप से देखा जा सकता है, जबकि उनमें से कुछ लोगों की माताओं का निधन वर्षों पहले हो चुका है।

अरबपतियों से लेकर हाउस ऑफ लॉर्ड्स के सदस्यों तक, शासक बनाने वालों से लेकर छायाकारों तक, पत्रकार एवं डॉक्टर, इन सबकी भावनाएँ इतिहास व भूगोल की सीमा को पार कर भावनाओं को पीछे की ओर ले जाने वाली हैं। अरबपतियों—जी.पी. हिंदुजा, किरण मजूमदार शॉ और के.पी. सिंह ने अपनी माँ के नाम बहुत निजी एवं प्रभावित करने वाले पत्र लिखे हैं। चेरी ब्लेयर ने स्पष्ट पत्र लिखा है, जिसमें उन्होंने अपनी समर्पित माँ के बारे में लिखा है, जो तमाम बाधाओं के बावजूद सफल रहीं। जाने-माने पॉप गायक सर क्लिफ रिचर्ड्स, अवार्ड विजेता राकेश ओमप्रकाश मेहरा और अभिनेत्री शर्मिला टैगोर, अभिनेता सर जॉन स्टैंडिंग एवं अरशद वारसी, छायाकार समर सिंह जोधा एवं रघु राय तथा सर मार्क टुली जैसे लोगों ने बड़ी उदारता के साथ मेरे अनुरोध पर इस पुस्तक के लिए पत्र लिखे। लॉर्ड ब्लंकेट, लॉर्ड वरजी, लॉर्ड पारेख, लॉर्ड पॉल, लॉर्ड ढोलकिया, लॉर्ड लूंबा, लॉर्ड गढ़िया और लॉर्ड बिल्मोरिया ने भी पत्र लिखे हैं। सर विक्टर ब्लैंक बिना थके स्त्रियों से जुड़े मुद्दों को लेकर काम करते हैं और अमन नाथ सिंह एवं सेतु वैद्यनाथन ने सामाजिक मुद्दों को लेकर उत्साहपूर्वक समर्थन दिया। आध्यात्मिक पथ-प्रदर्शक वासंती दीदी ने अपनी माँ को लिखा है—'आप मेरी गुरु थीं। आपने मुझे भक्ति के सिद्धांत सिखाए। हम आध्यात्मिक साथी बन गए।' यू.के. के चीफ रब्बी ने लिखा है—'क्या मानव तस्करी से अधिक कोई चीज आंतरिक मानवीय गरिमा के लिए इससे अधिक विध्वंसक हो सकती है ?'

इस बात से मुझे हमेशा दु:ख पहुँचता है कि किसी इंसान को खरीदने की कीमत कितनी कम होती है; और मैं इस बात से अचंभित हो जाती हूँ कि पूरे मुद्दे को नजरअंदाज कर देना कितना आसान होता है। यह भी संभव है कि आप एक ही समय में सदमे में आ जाएँ या फिर ऊब जाएँ। मैं 'लिली' के सहयोगियों की एवं सहिष्णु लोगों की बहुत आभारी हूँ, जिनकी उदारता के कारण हमारी चैरिटी ने अभी तक लाख से अधिक लोगों के जीवन को प्रभावित किया है, जिनमें पीड़ित, उनके गाँव व समुदाय सम्मिलित हैं। सुनीता अरोड़ा, लॉर्ड वरजी, बीना रानी, अनीता गोयल, अलका बागड़ी और टीम के सभी सदस्य, एंबेसडर एवं यूथ एंबेसडर—सभी ने मिलकर इसको संभव बनाया है। विपुल संगोई इस मुद्दे के प्रति मन से समर्पित हैं, इसलिए मैं उनकी बहुत आभारी हूँ और इसके लिए भी धन्यवाद व्यक्त करती हूँ कि उन्होंने इस पुस्तक को अंतिम रूप देने में अपना विशेष योगदान दिया।

भारत के प्रधानमंत्री श्री नरेंद्र मोदी भी हमेशा अपने जन्मदिन पर अपनी माँ हीराबेन के पास उनसे मिलने जाते थे और उनका आशीर्वाद जरूर लेते थे। सत्रह साल की उम्र में वे घर से निकल गए थे, उस समय उनके छोटे से झोले में जो संपत्ति थी, उनमें उनकी माँ की तस्वीर भी थी। माँ के प्रति उनका समर्पण आज भी बरकरार है। अपने पत्र में वे लिखते हैं—'माँ सदैव हमारी प्रेरणा की सतत स्रोत रही हैं और हर तरह की चुनौती का सामना करने में वे हमारी शक्ति बन जाती हैं।'

जब मैंने इस पुस्तक के विचार के बारे में अपने मित्र एवं मार्गदर्शक लॉर्ड भिखु पारेख से बात की तो उन्होंने मेरा भरपूर उत्साह बढ़ाया। अपनी माँ के नाम पत्र में उन्होंने लिखा है—'अपने जटिल व लापरवाह जीवन और इसकी गुत्थियों के बारे में आपने कितना कुछ सिखाया।'

आध्यात्मिक गुरु और योगी मिस्टर एम. ने अपनी माँ के बारे में लिखा है—'जब उनका इकलौता प्यारा बेटा बहुत कम उम्र में हिमालय चला गया तो उन्होंने खामोशी से उस दर्द को सहन किया। जब कई साल बाद मैं एक संन्यासी के रूप में उनके सामने पहुँचा तो उन्होंने बिना कुछ कहे मेरा स्वागत किया। केवल एक माँ ही ऐसा कर सकती है।'

बहुत से लोगों ने इस अवसर का स्वागत करते हुए अपनी माँ की प्रशंसा में पत्र लिखे; लेकिन कुछ ने अपने पत्र में इसलिए प्रशंसा नहीं की, क्योंकि उनके संबंध अपनी माँ के साथ अच्छे नहीं थे। इनमें कुछ पत्र ऐसी लड़कियों के भी हैं, जो मानव तस्करी का शिकार हुईं। इन लड़कियों को उनकी माँ ने ही धोखा दिया। कुछ पत्र उन लड़कियों के हैं जिन्हें चकलाघरों से बचाया गया, सुरक्षित शेल्टरों में जिनका पालन-पोषण हुआ, जिनके इलाज का पूरा ध्यान रखा गया, जिनकी मनोवैज्ञानिक काउंसलिंग की गई; उन्हें प्यार दिया गया, उनकी परवाह की गई, ताकि वे इस संसार में कामकाजी बनें तथा जीवन की मुख्यधारा से सीधे तौर पर जुड़ सकें। उनके पत्रों में छल, कष्ट तथा पीड़ा की कहानियाँ पढ़ने को मिलती हैं। किंतु फिर भी कहना होगा कि उनके भाग्य ने उनका साथ दिया और वे उस नरक से निकल पाईं।

—मोहिनी केंट

परम पावन दलाई लामा

वैसे तो मेरी माँ अमा-ला साक्षर नहीं थीं, लेकिन वे बहुत दयालु थीं। जिस दिन मैं पैदा हुआ, उसी दिन से मैंने उनकी भरपूर करुणा प्राप्त की। मैं खुशकिस्मत था कि मैं ऐसे माहौल में पला-बढ़ा, जिसमें प्रेम और प्रोत्साहन था। इस अनुभव का मेरे ऊपर गहरा प्रभाव पड़ा। आज यह कहने में मुझे किसी तरह की हिचक नहीं है कि मेरे अंदर जो भी सहृदयता है, वह मूल रूप से मेरी माँ अमा-ला की देन है।

हाल में तिब्बती महिला संघ के साथ एक बैठक हुई, जिसमें तिब्बती महिला संघ के दुनिया भर से सदस्य जुटे थे, मैंने वहाँ बताया कि मैंने अपनी माँ के चेहरे पर गुस्से का भाव कभी नहीं देखा था। वे सबसे करुणापूर्ण व्यवहार करती थीं। दूसरों के दुःख-तकलीफ के बारे में सुनकर जिस तरह से उनकी आँखों में आँसू भर आते थे, उससे उनकी करुणा साफ झलकती थी। करुणा का सबसे पहला पाठ मैंने अपनी माँ से ही सीखा था। इसी कारण मेरा यह मानना है कि करुणा से प्रेम करना हम सबसे पहले घर में सीखते हैं। मुझे यह भी लगता है कि जिन लोगों को बचपन में अपनी माँ की ममता एवं वात्सल्य मिलता है, वयस्क होने पर उन लोगों को औरों से अधिक आंतरिक शांति महसूस होती है। इससे उन्हें एक स्वस्थ परिवार विकसित करने में मदद मिलती है और इस तरह स्वस्थ मानवता के विकास में उनका बड़ा योगदान होता है।

हमारी माँ ने हमें महिलाओं की अंतर्निहित संभावना को दिखाया कि वे पुरुषों से भी अधिक सहिष्णु नेता हो सकती हैं। नेतृत्व से जुड़े जो बुनियादी गुण हमारे समाज को चाहिए, वे हैं—ममता, दूसरों की चिंता और सहिष्णुता। वैज्ञानिकों ने यह पाया है कि जैविक रूप से स्त्रियाँ दूसरों की पीड़ा के प्रति अधिक संवेदनशील होती हैं। मेरा यह मानना है कि यह बच्चों की देखभाल मातृत्व भावना से आती है, जो अपनी माँ पर इतना अधिक निर्भर रहता है।

स्त्री और पुरुष बुनियादी रूप से समान होते हैं; लेकिन मुझे यह लगता है कि 21वीं सदी को शांति का काल बनाने में स्त्रियों को महत्त्वपूर्ण भूमिका निभानी होगी। स्त्रियाँ समाज में अपनी इस महत्त्वपूर्ण भूमिका को निभा सकें, इसके लिए शिक्षा बहुत जरूरी है। इसलिए मैं एल.आई.एल.वाई. द्वारा मानव तस्करी के विरुद्ध किए गए कार्यों की सराहना करता हूँ।

(परम पावन दलाई लामा को दो साल की उम्र में दलाई लामा के रूप में पहचाना गया और मठ में उनकी शिक्षा आरंभ हुई। सन् 1950 में तिब्बत पर चीन के आक्रमण के बाद उन्हें मजबूर होकर निर्वासन झेलना पड़ा और तब से वे धर्मशाला, हिमाचल प्रदेश में रह रहे हैं। उन्होंने निर्वासन में एक जनतांत्रिक तिब्बती संसद का निर्माण किया, उसको समस्त राजनीतिक सत्ता सौंपकर वे सिर्फ आध्यात्मिक मामलों को देखते हैं। 'टाइम' पत्रिका ने उन्हें गांधी का आध्यात्मिक उत्तराधिकारी कहा था। तिब्बत की मुक्ति हेतु उनके अहिंसक संघर्ष के लिए सन् 1989 में उन्हें शांति का 'नोबेल पुरस्कार' दिया गया।)

शर्मिला टैगोर

प्यारी मम्मी,

आपको बहुत हैरानी हो रही है न! आपके नाम मेरी चिट्‌ठी पाकर! पिछली बार मैंने आपको कब चिट्‌ठी लिखी थी? दस साल पहले? उससे भी अधिक पहले? सही बात है, कलम से कागज पर लिखने से अधिक आसान मुझे फोन उठाकर बात कर लेना लगता है। लेकिन इस बार बहुत कुछ लिख रही हूँ। मैं आपको यह बताना चाहती हूँ कि 16 अगस्त का दिन मेरे लिए खास रहा है, उस दिन से मेरा सबकुछ बदल गया—जिस दिन मैं माँ बनी। माँ बनने के बाद मुझे लगने लगा कि मैं आपको पहले से ज्यादा समझती हूँ। आज मुझे यह बात समझ में आई कि पहले मैं किस तरह आपको अकसर गलत समझ लेती थी, आपका मोल नहीं समझ पाई थी। किस तरह से कई बार बिना किसी बात के आपके ऊपर चिल्ला पड़ती थी। आज, जब मैं यह लिख रही हूँ तो मेरे बगल में मेरा बेटा गहरी नींद में सोया हुआ है, उसे देखकर कितनी सारी स्मृतियाँ उमड़ रही हैं! जब मुझे हेपेटाइटिस हो गया था, उस वक्त आपने मेरे माथे पर अपने हाथों को रखा था, उस वक्त मुझे कितनी ठंडक पहुँची थी, कितनी राहत महसूस होती थी! जब भी मैं किसी परेशानी में होती थी तो किस तरह से आप हर समय मेरी मदद करती थीं। आप हमारे परिवार के असमिया हिस्से की कहानियाँ सुनाया करती थीं और मैं उनको सुनकर किस कदर मंत्रमुग्ध हो जाया करती थी तथा प्रेरित होती थी। मैंने आपको कभी यह नहीं बताया कि आप जब भी मेरे लिए पसंदीदा खाना पकाती थीं तो मुझे कितना अच्छा लगता था! किस तरह मैंने आपको कभी यह नहीं बताया कि चुटकुले सुनाकर सभी को हँसा देने की आपकी कला पर कितना गर्व महसूस होता था! कितना कुछ तो है, जो मैंने आपको कभी बताया नहीं और आपके बारे में कितना कुछ है, जो मैं नहीं जानती, न ही मैंने कभी पूछा। आपके पापा आपकी एम.ए. की पढ़ाई के खिलाफ क्यों थे? और आखिरकार, आपने उनको किस तरह से इसके लिए राजी किया? आप मेरे पापा से कैसे मिलीं? क्या वह पहली नजर का प्यार था? इतनी सारी बंदिशों के बावजूद आपको उनके साथ अकेले समय बिताने का मौका कैसे मिला? इतने सारे रिश्तेदारों से भरी ससुराल में रहना आपको कैसा लगता था? आपने किस तरह मुझे घर में जन्म दिया? मैं कल्पना भी नहीं कर सकती कि वह सब कैसे हुआ होगा! इसलिए, अब और समय नहीं गँवाना चाहती। अब जल्दी से उस बात पर आ जाती हूँ, जिसके लिए मैंने आपको यह चिट्‌ठी लिखी। जाने-अनजाने में मैंने आपको जो भी तकलीफें दीं, उनके लिए आपसे मैं बिना शर्त माफी माँगती हूँ और आपको यह बताना चाहती हूँ कि मैं आपसे बहुत प्यार करती हूँ और जिन चीजों के लिए आप मेरे साथ खड़ी रहीं, उनके लिए सच्चे दिल से आपकी कद्र करती हूँ। आपके बिना आज मैं यहाँ नहीं पहुँच पाती। जब आपको यह चिट्‌ठी मिलेगी और जब आप इस चिट्‌ठी के आश्चर्य से उबर जाएँगी (मेरे खयाल से, खुशी से) तब आप जल्दी से मेरे पास आ जाइएगा, क्योंकि इतने छोटे बच्चे के साथ मैं अभी यात्रा नहीं कर सकती। इतने वर्षों से हमने आपस में स्त्रियों की तरह बात नहीं की है। अब, जबकि मैं माँ बन गई हूँ तो आपके साथ और अधिक साझा करना चाहती हूँ। आपको देखने के लिए; जो समय खो गया, उसको सही करने के लिए अब मैं और इंतजार नहीं कर सकती। जल्दी आ जाइए। और हाँ, एल्बम्स लेती आइएगा। अपने बचपन की तस्वीरें देखकर मुझे बहुत मजा आएगा।

बहुत प्यार और चुंबनों के साथ,

With lots + lots of love,
Rinku

2 दिसंबर, 1970

(शर्मिला टैगोर प्रसिद्ध फिल्म अभिनेत्री हैं, उन्हें हिंदी व बांग्ला फिल्मों में अपने अभिनय के लिए जाना जाता है। उनको अनेक राष्ट्रीय सम्मान मिले। वे भारतीय सेंसर बोर्ड की प्रमुख रही हैं, कान फिल्म फेस्टिवल में जूरी की सदस्य रही हैं और यू.एन.आई.सी.ई.एफ. की गुडविल एंबेसडर रही हैं। वे 'लिली अगेंस्ट ह्यूमन ट्रैफिकिंग' की एंबेसडर रही हैं। उनका विवाह लोकप्रिय क्रिकेट खिलाड़ी मंसूर अली खान पटौदी से हुआ था।)

चेरी ब्लेयर

मेरी प्रिय मॉम,

आपने हमेशा मेरा साथ दिया। आप मेरी सबसे ईमानदार आलोचक, प्रेरणा-स्रोत, रोल मॉडल और दोस्त रही हैं। आपका जीवन आसान नहीं था। जब आप 14 वर्ष की थीं तो आपकी माँ का देहांत हो गया था, जिसका परिणाम यह हुआ था कि आपको अपने पिता और छोटे भाई की देखभाल के लिए स्कूल की पढ़ाई छोड़ देनी पड़ी। जब आपकी उम्र 18 साल की हुई तो आपके पिता ने दूसरा विवाह कर लिया। आपने अभिनेत्री बनने के लिए घर छोड़ दिया। आपकी भेंट मेरे पिता से हुई—वे भी अभिनेता थे; और जब तक आप 21 साल की हुईं तो आपके गर्भ में मैं थी। वैसे तो आपने यह कोशिश की कि आप काम करती रहें, लेकिन जब मेरी बहन पैदा हुई तो आपको सब छोड़ना पड़ा और अपनी बेटियों को साथ लेकर आपको अपनी सास के साथ रहने के लिए लिवरपूल जाना पड़ा। मेरे पापा लंदन में अभिनय करते रहे और जैसा कि लग रहा था, कुछ साल के बाद उन्होंने आपको छोड़ दिया। इसके बाद आप अकेली रह गईं, जिन्हें दो बेटियों को पालना था और पास में कोई काम भी नहीं था। आपने सबसे पहले सीफोर्थ के बंदरगाह पर फिश एंड चिप शॉप में काम किया। लेकिन वहाँ आप शाम और दोपहर के समय काम कर पाती थीं, जब हम दोनों बहनें स्कूल में होती थीं। साल भर के अंदर आप लिवरपूल के एक डिपार्टमेंटल स्टोर में ट्रैवल एजेंट के रूप में काम करने लगीं और ट्रैवल एजेंसी के मैनेजर के रूप में आपके पेशे की शुरुआत हुई। अकेली कमाने वाली होते हुए भी आपने यह तय कर लिया था कि मुझे और मेरी बहन को वह शिक्षा मिल सके, जो आपको नहीं मिल पाई थी। मैंने आपको कई बार जाते देखा था, जो महज आप इस बात को निश्चित करने के लिए करती थीं कि मुझे व मेरी बहन को हमारे ग्रामर स्कूल की माँग के अनुसार अच्छे जूते और महँगी यूनिफॉर्म मिल सके। मैंने हमेशा आपके प्रति अपनी श्रद्धा अर्पित करने की कोशिश की है। जब मुझे सन् 1976 में बार में बुलाया गया तो यह कहा गया कि मुझे सर्टिफिकेट पर अपने पिता का नाम और उनका पेशा लिखना है। मैंने जोर देकर यह कहा कि आपका नाम लिखा जाए, क्योंकि आप मेरी एकमात्र अभिभावक हैं, जो मेरी सफलता की सच्ची हकदार हैं। हालाँकि यह बहुत छोटी सी बात थी, लेकिन मैं चाहती थी कि आपको इसका श्रेय मिले। सन् 2008 में जब मैंने 'चेरी ब्लेयर फाउंडेशन फॉर वुमन' की स्थापना की तो उसकी प्रेरणा भी आप थीं। मैं चाहती थी कि आपके जैसी स्त्रियों को आर्थिक स्वतंत्रता मिले, ताकि वे अपनी जिंदगी के फैसले खुद ले सकें और इससे उनका बचाव हो। उनके भविष्य को लेकर कोई और फैसले न ले। इस लक्ष्य के लिए फाउंडेशन का कार्य यह है कि महिलाएँ अपना खुद का व्यवसाय स्थापित करें तथा उसको विकसित करने में फाउंडेशन द्वारा उनकी मदद की जाए। अनेक संस्कृतियों में इस राह की अनेक बाधाएँ होती हैं, जो कि थकाने वाली होती हैं; लेकिन हम चाहते हैं कि इन स्त्रियों को उपयुक्त साधन, उचित ज्ञान एवं सही अवसर प्रदान करें, ताकि ये स्त्रियाँ अपने भविष्य को सीमाहीन होकर देखें। आपने मुझे यही दिशा दिखाई और यही आपकी विरासत भी है।

प्यार के साथ,

Cherie x

(चेरी बूथ ब्लेयर मानवाधिकार वकील हैं। वे ओमनिया स्ट्रेटेजी एल.एल.पी. की संस्थापक सदस्य रही हैं तथा लंदन स्कूल ऑफ इकोनॉमिक्स की गवर्नर भी रहीं। लिवरपूल जॉन मूरेस यूनिवर्सिटी ने अपने नए ब्लॉक का नाम 'चेरी बूथ बिल्डिंग' रखा है। यूरोपियन कोर्ट ऑफ जस्टिस में वे अनेक प्रमुख मुकदमों में जिरह करने जा चुकी हैं तथा यू.के. सरकार से हर्जाना माँग रहे लोगों के लिए भी वकालत की है। वे एशियन यूनिवर्सिटी फॉर वुमन की चांसलर हैं। चेरी ब्लेयर फाउंडेशन विकासशील देशों में महिला उद्यमियों की मदद कर रहा है। उनके चार बच्चे हैं और वे अपने पति टोनी ब्लेयर के साथ लंदन में रहती हैं।)

सर क्लिफ रिचर्ड

प्रिय मॉम,

मृत्यु कभी न्याय नहीं करती। आपने मुझे, डोना, जैकी और जोन को जीवन दिया। मृत्यु ने आपका जीवन छीन लिया और आप हम सबसे दूर चली गईं, लेकिन एक बात तो पक्की है कि वह हमारी स्मृतियों को नहीं ले जा सकी। मैं तत्काल भारत में था, जहाँ मेरा जन्म हुआ था और वहाँ मैंने अपने जीवन के साढ़े सात वर्ष बिताए। जब भारत आजाद हुआ, आपने और डैड ने यह तय किया कि हम लोगों को लौटकर किसी ऐसी जगह चले जाना चाहिए, जहाँ हम पहले कभी नहीं गए हों। लेकिन हमारे परिवार की यही पृष्ठभूमि थी।

आपने भारत में कभी काम नहीं किया था, जबकि आपको यू.के. में काम करना पड़ रहा था और डैड, जिन्होंने भारत में बहुत अच्छा काम किया, परंतु उन्हें इंग्लैंड में कोई काम नहीं मिल रहा था। वर्ष 1948 का वह समय था, विश्वयुद्ध को खत्म हुए ज्यादा समय नहीं बीता था, इसलिए नौकरियाँ भी तब न के बराबर थीं।

जब भी मैं पीछे मुड़कर देखता हूँ तो आपके प्रति मेरा सम्मान और बढ़ जाता है। आपको एटलस लैंप्स में नौकरी मिली थी। तब आपने कहा था कि जब आप बल्ब हो जाते हैं तो अपने अफसोसों को रखना आसान हो जाता है। लेकिन यह काम आपको बहुत उबाऊ लगा। यह काम 'शांति काल' का था, इसलिए आपको घंटे के हिसाब से भुगतान किया जाता था। आप जितने अधिक घंटे काम करती थीं, उतनी अधिक आपकी कमाई होती थी। मुझे याद है कि एक शाम आप रोते हुए घर आई थीं। आपके साथ काम करने वाली एक महिला ने आपसे धीमी गति से काम करने के लिए कहा था, ताकि आपके काम के घंटे समान रहें। आपने मना कर दिया तो उन्होंने आपका बहिष्कार कर दिया। इस वजह से आपसे कोई बात नहीं करता था। आप वहाँ तब तक काम करती रहीं, जब तक कि हम वहाँ से चले नहीं गए और आपको दूसरा काम नहीं मिल गया। मुझे अभी भी यह लगता है कि यह आपके व्यक्तित्व का मजबूत पहलू था। डैड अनुशासन-पसंद थे, इसलिए जब किसी बात पर वे मेरे कान खींच देते थे तो मैं आपके पास आता। आप हमेशा मुझे अपने गले से लगातीं और कहतीं कि डैड सही थे। मुझे एक बार और गले से लगाते हुए आप कहतीं कि ऐसा फिर मत करना। डैड के पास काम था, लेकिन वे आपको इसलिए काम करने के लिए कहते, ताकि हमारा लालन-पालन अच्छी तरह से हो सके। इस समय तक हम काउंसिल हाउस में रहने लगे थे। हम फर्श पर बिछी चटाई पर सोते थे और तीन बार चाय के साथ टोस्ट खाते थे। हमारे टोस्ट पर चीनी छिड़की होती थी। आपके लिए यह सब कितना मुश्किल रहा होगा—इस तरह से जीवन जीना। आपने शायद सोचा होगा कि काश! आपने भारत कभी छोड़ा ही नहीं होता, लेकिन आपको कभी हताश होते मैंने नहीं देखा और हमें यही याद है कि हमारा बचपन खुशहाल था। अजीब बात है, हमें यह याद नहीं है कि कभी ऐसा लगा हो कि हम गरीब थे। आप और डैड की टीम बहुत शानदार थी। क्या पता, एक दिन मैं उनको भी खत लिखूँ। लेकिन यह चिट्ठी आपके लिए है। आपको मैं कभी भूल नहीं सकता और हमेशा प्यार करूँगा। भगवान आपको स्वस्थ रखें।

विशेष—पापा को मेरा प्यार देना।

(सर क्लिफ रिचर्ड जाने-माने ब्रिटिश पॉप गायक, जिनके 60 साल के कॅरियर के दौरान लगभग 25 करोड़ रिकॉर्ड्स बिके। उन्हें अनेक प्लेटिनम एवं गोल्ड डिक्स मिले, पुरस्कार मिले। उन्हें पहला गिटार 16 साल की उम्र में मिला। बीटल्स के आगमन से पूर्व पॉप संगीत पर उनका दबदबा था। उनका जन्म लखनऊ में हुआ था और उनकी माँ ला मार्टिनियर गर्ल्स स्कूल में काम करती थीं। उन्होंने अनेक विश्वप्रसिद्ध लोकप्रिय एल्बम्स में गाया, अभिनय किया, जिनमें 'समर हॉलिडे' शामिल है। वे पहले रॉक स्टार थे, जिनको महारानी ने सन् 1995 में सम्मानित किया था। सर क्लिफ रिचर्ड चैरिटेबल ट्रस्ट अनेक तरह के सेवामूलक कार्य में मदद करता है।)

गोपीचंद पी. हिंदुजा

हमारी प्यारी अम्मा,

हम रोज अपनी समर्पित अम्मा को याद करते हैं, जो हमारा बहुत खयाल रखती थीं। प्यारे दादा के साथ आप सदा हमारे दिलों, खयालों एवं दुआओं में रहेंगी। आपके प्यार ने हमारा लालन-पालन किया। मुझे खेलना अच्छा लगता था। मैं दोपहर की तपती धूप में क्रिकेट खेलता था और आप मेरे लिए संतरे का ताजा रस एवं नाश्ते का सामान लेकर आती थीं। वॉलीबॉल खेलना भी मुझे बहुत पसंद था। आप पूरी टीम के लिए खाने का सामान लेकर आती थीं। इस कारण मैं बहुत लोकप्रिय हो गया था! आपने हम लोगों को समर्पण का भाव सिखाया। जब मैं करीब 6 साल का था तो मेरे पैर में काँटा चुभ गया और मैं रोने लगा। तब आपने मुझे सिखाया कि 'हनुमान चालीसा' पढ़ते हुए भगवान की शरण में जाना चाहिए। आज तक हम लोग सुबह-शाम 'हनुमान चालीसा' का पाठ करते हैं और यह हमें चुनौतियों का सामना करने का साहस प्रदान करता है। आपने कभी शिकायत नहीं की। 1920 के दशक में ईरान और 1940 के दशक में बंबई में परिवार के लिए हालात अच्छे नहीं थे, लेकिन आपने बिना किसी शिकन के अपने नौ बच्चों तथा पिता के बड़े परिवार को सँभाल लिया। हम सब लोगों की अपनी-अपनी त्रासदियाँ रहीं, विपरीत परिस्थितियाँ रहीं; लेकिन आप धीरज की प्रतिमूर्ति थीं। अरदास करना आपके अंदर इतने गहरे बैठा था कि आप तेहरान में हर सुबह सिख गुरुद्वारे में जाकर प्रसाद चढ़ाती थीं, जिससे प्रेरित होकर हम लोगों ने भाई माखन सिंह तथा पाँच सिख सेवकों के नाम पर चंदा जुटाना शुरू कर दिया और एक बड़ा गुरुद्वारा बनवाया। बाद के वर्षों में हम लोगों ने चंदा जुटाकर असंख्य मंदिरों का निर्माण करवाया, जैसे कटवारिया दरबार स्वामीनारायण और रामा कृष्णा। आपने मुझे यह भी सिखाया कि दूसरों से किस तरह बात करनी चाहिए और सामुदायिक कार्यों में किस तरह से भाग लेना चाहिए। अब, जब मैं दूसरों से इस कार्य में शामिल होने के लिए कहता हूँ तो मुझे खुशी मिलती है। आप खटवारी दरबार (स्थानीय मंदिर) भी सेवा करने जाती थीं, वहाँ आप फर्श की सफाई करती थीं। आप अपनी बाँह में लपेटकर कपड़े का एक बैग लेकर जाती थीं, जिसमें सिक्के भरे होते थे, जो आप जरूरतमंदों में बाँट देती थीं। यह देखना मेरा काम था कि आपका वह बैग कभी खाली न रहे। इस तरह के उदाहरण से आपने मेरे अंदर करुणा व परोपकार के मूल्यबोध भरे। दादा कहते, "मेरा धर्म काम करना है और मैं यही दे सकता हूँ!" आपने हमें सर्वश्रेष्ठ संस्कार दिए। सही कहा जाता है कि ईश्वर ने माँ को इसलिए बनाया, क्योंकि वे हर जगह नहीं रह सकते थे। आप मेरी पहली गुरु थीं और मैंने आपके साथ रहने से कितना कुछ सीखा! आपने मुझे यह भी सिखाया कि कोई काम अच्छे इरादे से करना चाहिए। काम करने से ही दैवीय फल मिलता है। अब मैं व्यवसाय की योजना की ओर नहीं देखता, बल्कि यह देखता हूँ कि आदमी सही है या नहीं। आप खाना पकाकर दर्जनों लोगों को प्रेम से खिलातीं और मुझे भी सभी के लिए अपने घर के दरवाजे खुले रखना अच्छा लगता है। "स्वर्ग माँ के चरणों में होता है!" हजरत मोहम्मद ने कहा था। आपने हमें स्वर्ग की झलक दिखाई। मेरे भाई-बहन—उत्तमी, गिरधर, श्री, शांति, शोभना, प्रकाश, अशोक, सुशीला और मैं आपको याद करते रहते हैं; जबकि आपको गए जमाना हो गया। आपने और दादा ने हमारे संयुक्त परिवार की बुनियाद रखी। हमें सिखाया कि एक-दूसरे के साथ प्रेम व सम्मान के साथ रहना चाहिए और इस बात को समझना चाहिए कि 'हर चीज सबकी है। कोई चीज किसी एक की नहीं।' हम अब भी साथ-साथ रह रहे हैं। आपने मुझे आस्था का मजबूत आधार दिया; और मुझे यह पता है कि आपका आशीर्वाद हमेशा हमारे साथ है।

पूरे हृदय से प्यार के साथ,

—गोपीजी

(गोपीचंद पी. हिंदुजा अपने परिवार के साथ ब्रिटेन के सबसे अमीर अरबपति हैं। हिंदुजा समूह के सह-अध्यक्ष के रूप में उन्होंने अपने पारिवारिक व्यवसाय को एक विशाल बहुराष्ट्रीय समूह में बदल दिया—गल्फ ऑयल से लेकर अशोक लेलैंड, ऊर्जा, आधारभूत संरचना और संपत्ति से जुड़े काम। उनका कहना है कि जब वे सुबह की सैर पर जाते हैं तो व्यावसायिक फैसले झटपट लेते हैं। हिंदुजा फाउंडेशन शिक्षा, ग्रामीण विकास, सामाजिक कल्याण तथा अन्य मामलों को लेकर काम करता है। वे 'लिली' के संरक्षकों में से एक हैं और अपनी पत्नी सुनीता के साथ लंदन में रहते हैं।)

किरण मजूमदार शॉ

प्यारी मम्मी,

बहुत कम बेटियाँ ऐसी हैं, जो इस बात पर गर्व कर सकती हैं कि उनकी माँ 87 साल की उम्र में एक सफल उद्यमी हैं। एक ऐसी महिला, जो लगभग सारी उम्र एक गृहिणी रहीं और जिन्होंने 68 साल की उम्र में उद्यमी होने का फैसला लिया, जब अधिकतर लोग सेवानिवृत्त जीवन जीने लगते हैं। यह बात अपने आप में सबकुछ बयाँ कर देती है! मैं जानती हूँ कि डैडी के गुजरने के बाद अपने गहरे दु:ख से निजात पाने के लिए आपने उद्यमी बनने का रास्ता चुना। यह एक साहसिक कदम था, जिससे उनको अपनी प्रिय पत्नी के ऊपर गर्व महसूस हुआ होता। जहाँ तक हम बच्चों की बात है, तो हम केवल गर्व ही नहीं करते हैं, बल्कि अनेक रूपों में आपसे प्रेरणा भी ग्रहण करते हैं।

आप जिस तरह से ड्राईक्लिनिंग और लॉण्ड्री का व्यवसाय चलाती हैं, वह आपकी आत्मनिर्भरता की भावना को दिखाता है, जिससे यह सुनिश्चित होता है कि आप न केवल आर्थिक रूप से स्वतंत्र रहें, बल्कि अपने पोते-पोतियों, नाती-नातिनों को उदारतापूर्वक उपहार भी दे सकें।

जब आप अपने द्वारा किए गए आयकर भुगतान के बारे में बढ़-चढ़कर बताती हैं, तो मैं मुस्कराए बिना नहीं रह पाती। आप हर साल आयकर भुगतान करती हैं, जो इस बात का प्रमाण है कि आप एक सफल व्यवसायी हैं। मुझे यह बात हमेशा याद रहेगी, जो आपने एक सरकारी अधिकारी को जवाब दिया था, जब उसने एक बार आपसे कहा था, "आपको इस उम्र में काम नहीं करना चाहिए। आपको धर्म-कर्म करना चाहिए।" तब आपने उसको जवाब दिया था, "अगर वाजपेयीजी (जो उस समय भारत के प्रधानमंत्री थे) 75 साल की आयु में देश चला सकते हैं तो मैं 68 साल की उम्र में निश्चित ही काम कर सकती हूँ!" इस तरह से खरी-खरी बात करना मैंने आपसे विरासत में पाया है। युवा दिनों में माँ बनने के बाद आप केवल हम लोगों का लालन-पालन ही नहीं करती थीं, बल्कि समय निकालकर एक अस्पताल की चैरिटी के लिए काम भी करतीं और शॉर्टहैंड व टाइपिंग सीखतीं, फ्रेंच सीखतीं तथा न जाने क्या-क्या करके अपने आप को व्यस्त बनाए रखती थीं। यह आपकी उदार भावना ही थी कि हमेशा आपके आसपास ऐसे लोग जुटे रहते थे, जिन्हें मदद की दरकार होती थी। यह एक ऐसा गुण है, जो शायद मुझे आपसे धरोहर में मिला है। मुझे यह भी याद है कि जब डैडी ने बड़ौदा की एक बीमार माल्टिंग कंपनी को पुनर्जीवित करने की चुनौती ली थी तो आपने सचिव की तरह उनका साथ दिया था। शॉर्टहैंड व टाइपिंग की आपकी पढ़ाई उसमें अच्छे से काम आई और मुझे यह देखकर बहुत हैरानी होती थी कि किस तरह से आपने बैंकिंग एवं प्रशासन से जुड़ी अन्य जिम्मेदारियों को सँभाल लिया। बाद के वर्षों में जब निराशाजनक रूप से वह व्यवसाय बंद हुआ तो आपने बैंक के साथ मोल-भाव करके समझौता किया था। बाद में, सन् 1978 में जब मैंने अपने व्यावसायिक जीवन की शुरुआत की तो नई दिल्ली में आप मेरे साथ उन सभी सरकारी दफ्तरों में गईं, जहाँ मैं वैधानिक मंजूरियों के लिए जाती रहती थी। इन वर्षों के दौरान आप मेरे लिए मजबूत स्तंभ और प्रेरणास्रोत की तरह रही हैं।

जब मैं बायोकॉन कंपनी बना रही थी, आपने मुझे नैतिक एवं भावनात्मक समर्थन दिया, जो आज वैश्विक बायो फार्मास्यूटिकल कंपनी है। हमेशा मेरे साथ बने रहने के लिए आपका धन्यवाद, मम्मी!

प्यार और सम्मान के साथ,

—किरण

(किरण मजूमदार शॉ भारतीय अरबपति व्यवसायी हैं। वे बायोकॉन लिमिटेड की अध्यक्ष व एम.डी. हैं और दुनिया की सबसे अमीर महिलाओं में एक हैं। सन् 1978 में उन्होंने 10,000 रुपए की पूँजी से अपने गैराज में बायोकॉन इंडिया की शुरुआत की। आज यह पूरी तरह से एकीकृत अंतरराष्ट्रीय बायो फार्मास्यूटिकल कंपनी है। वे एक सहिष्णु पूँजीपति हैं। उन्होंने बायोकॉन फाउंडेशन एवं द मजूमदार शॉ मेडिकल फाउंडेशन की स्थापना की और एक शपथ-पत्र पर हस्ताक्षर किए कि अपनी आधी कमाई वे परोपकार में लगाएँगी। वे अपने पति के साथ बेंगलुरु में रहती हैं।)

लिली उन संगठनों के साथ काम करती है, जो मानव तस्करी के शिकार लोगों को शिक्षित करने व उन्हें इस दानव से बचाने के लिए काम करती है। यह संगठन महिलाओं को अपनी जीविका अर्जित करने में कुशल बनाकर सम्मान से अपनी जीविका कमाने का कौशल प्रदान करता है। महिलाएँ घर पर रहकर सिलाई का काम कर आय अर्जित करती हैं। रोजगारपरक कौशल प्रशिक्षण में लिली हमारे कार्यों का एक अहम भाग है।

अपनी माँ के लिए

मेरी माँ नहीं कोई साधारण माँओं-सी,

न वे हैं किसी के जैसी,

सभी माँओं जैसे करती वे निःस्वार्थ प्यार

लेकिन वे हैं सबसे जुदा और बेहद हैं साहसी।

उन्होंने अपना स्वयं का शुरू किया व्यवसाय

ऑर्गेनिक सब्जियाँ उगाती हैं, जिसके लिए वे जानी जाती हैं

लॉण्ड्री का उनका काम भूलना नहीं चाहिए,

जिसके लिए कमाया देश भर में नाम।

उनका व्यावसायिक दिमाग बेजोड़,

किसी बेहतरीन एम.बी.ए. के जोड़-सा है।

वे संस्कृत से करती ऐसा अनुवाद, जैसे गुरु हों,

वे फ्रेंच भी बोल सकती हैं 'मेरसी बूकु'!

कायदे की औरत हैं,

जो दिलेर और उदार हैं

मैं उनकी स्व-प्रेरणा की कायल हूँ,

मेरी माँ हैं मेरी सच्ची प्रेरणा।

—किरण मजूमदार शॉ

श्री एम. योगी

माँ

मेरे लिए 'माँ' शब्द का क्या अर्थ है ? इस शब्द को सुनते ही तरह-तरह के विचार मन में उपजते हैं, तरह-तरह की भावनाएँ उमड़ने लगती हैं। जो विचार मुझे सूझे, जिस तरह की भावनाएँ मेरे अंदर उमड़ीं, उनमें से कुछ को मैं यहाँ दर्ज कर रहा हूँ। धरती माँ, जो इतनी करुणा से हमारा लालन-पालन करती है; लेकिन हम हैं कि अपनी गतिविधियों से रोजाना उसको नुकसान पहुँचा रहे हैं, उसकी पवित्र साँसों को प्रदूषित कर रहे हैं। मानव जाति की सभी माताएँ, जो अपनी कोख में बच्चे को नौ माह तक रखती हैं, उसका ध्यान रखती हैं और प्रसव की तीव्र पीड़ा से गुजरती हैं, ताकि नवजात को इस संसार की रोशनी में लाया जा सके।

माँ एक मुक्त व स्वतंत्र व्यक्तित्व होती हैं। मैं बौद्ध धर्म की महायान शाखा के बोधिसत्त्व संकल्प को दोहराना चाहता हूँ, जिसमें यह उद्घोषणा की गई है कि "असंख्य जन्मों एवं पुनर्जन्मों में हो सकता है कि हर मनुष्य हमारी माँ रही हो और इसलिए इसी प्यार के कारण मैं तब तक इस धरती पर वापस आना चाहता हूँ, जब तक कि मैं एक-एक मनुष्य को निर्वाण नहीं दिलवा देता।" पराशक्ति यानी शक्तिशाली ब्रह्मांडीय ऊर्जा कई बार बहुत उग्र होती है तो कई बार राहत पहुँचाने वाली। सभी चीजों की व्युत्पत्ति उसी से होती है, राज राजेश्वरी, त्रिपुर सुंदरी, जो साँप की तरह कुंडली मारे रीढ़ की हड्डी के नीचे मूलधारा में विराजमान रहती है, उसे जब जाग्रत् किया जाता है तो वह मेरे संपूर्ण अस्तित्व को सुंदर व मादक आनंद से भर देती है, उसे प्रसिद्ध 'शंकर भागवत पद' में 'सौंदर्य लहरी' कहा गया है।

'माँ' शब्द मातृत्व के सार्वभौम सिद्धांत की बात भी करता है, जो इस जगत् तथा दूसरे जगत् के सभी जीवों के प्रति सहिष्णुता जताती है, कृपा करती है।

अंततः यह बात किसी मायने में कम महत्त्वपूर्ण नहीं है कि मेरी माँ, जो कि मेरी बहुत परवाह करती थीं और हमेशा मुझे खुश रखने के लिए कुछ भी करने को तैयार रहती थीं। मुझे कई बार ऐसा लगता है कि मनुष्यरूपी उस देवी से हजार बार माफी माँगनी चाहिए, क्योंकि जब उनका बेटा कम उम्र में ही हिमालय पर चला गया था और लगभग सब यह मान चुके थे कि वह मर चुका है, उस समय पता नहीं किस तरह से वह चुपचाप पीड़ा सहती रही होंगी। वर्षों बाद मैं एक घुमंतू योगी की तरह उनके पास पहुँचा था। मैं बदल चुका था, मेरा धर्म अब उनके धर्म से बहुत अलग था, तो भी उन्होंने बिना किसी प्रतिवाद के मेरा स्वागत किया था। ऐसा केवल एक माँ ही कर सकती थी।

अब समय आ गया है कि वे सार्वभौम माँ धरती पर अवतार लें और उस असंतुलन को दूर करें, जो दस-दस पुरुष अवतारों के आने के बाद भी खत्म नहीं हुआ। मैं 'शंकर भागवत पद' के 'अहो पुरुषिका' का आह्वान करता हूँ, 'आओ, साक्षात् आओ! हे प्रिय माँ!'

—योगी

(श्री एम. योगी और आध्यात्मिक गुरु, एक समाज-सुधारक और शिक्षाविद् हैं। उन्होंने 19 वर्ष की उम्र में बिना किसी को बताए अपना केरल स्थित घर छोड़ दिया और हिमालय में अपने गुरु के सान्निध्य में पहुँच गए। वहाँ उन्होंने योग, वेदांत और क्रिया का अभ्यास प्रारंभ कर दिया। उन्होंने 'ऑटोबायोग्राफी अप्रेंटिस्ड टू ए हिमालयन मास्टर', 'विज्डम ऑफ द ऋषि' और 'शून्या : अ नॉवेल' जैसी पुस्तकों का लेखन किया है। उनका महाकाव्य 'वॉक ऑफ होप' ने भारत में 7,500 मील का सफर लगभग 16 महीनों में तय किया। उन्होंने अपने आध्यात्मिक उपदेशों को लोगों तक पहुँचाने के लिए सारी दुनिया की यात्रा की। उनका विवाह सुनंदा से हुआ और उनके दो बच्चे हैं। उनका निवास मदनपल्ली में है।)

लॉर्ड वरजी

मेरी प्यारी मॉम,

आशा करता हूँ कि आप और पापा अच्छे होंगे। आपको इतने दिनों बाद खत लिखते हुए बड़ा अजीब लग रहा है। आपको हमें छोड़े पच्चीस वर्ष से अधिक हो चुके हैं। कभी लगता है, कितना लंबा समय बीत गया...फिर कभी यह भी लगता है कि जैसे अभी की ही बात हो। हाल में आपके साठवें जन्मदिन का वीडियो देख रहा था। आप अच्छी लग रही थीं और खुश थीं। आपको पत्र लिखते हुए मुझे पुराने दिन याद आ रहे हैं, जैसे मैं न्यूलैंड्स, इंग्लैंड में बोर्डिंग स्कूल में हूँ तथा आपको और पापा को कीनिया में चिट्ठी लिख रहा हूँ। तब मैं छह साल का था। मुझे हमेशा याद रहता है कि वह समय मेरे लिए कितना मुश्किल था। आपके लिए भी वह दौर कठिन रहा होगा।

मॉम, हम लोगों ने कभी अपनी भावनाओं के बारे में बात नहीं की। मुझे भी अपनी भावनाओं के बारे में बात करना मुश्किल लगता है। मैं आशा करता हूँ कि ऊपर जाने के बाद आप अब मेरी भावनाओं को समझने के लिए स्वतंत्र हैं।

आशा करता हूँ कि एक दिन जल्दी ही मैं इस समझ और ज्ञान को अर्जित कर लूँगा।

मैं रोज आपके बारे में सोचता रहता हूँ। आप सदैव सहिष्णु बनी रहीं और हमें भी परिवार एवं समुदाय की परवाह करने वाले बने रहने के लिए निर्देशित करती रहीं। मैं बेहतर कर रहा हूँ। जीवन में बाकी और सब सही है; लेकिन आपके समोसे, भुने हुए गोश्त और खिचड़ी की याद आती है। आप प्लीज, मेरी चिंता मत करना।

खूब सारा प्यार!

(लॉर्ड रूमी वरजी एक उद्यमी तथा हाउस ऑफ लॉर्ड्स के सदस्य हैं। उनके परिवार की संपत्ति को ईदी अमीन ने कब्जे में ले लिया था, जिसे उन्होंने फिर से बहाल करने का संकल्प लिया तथा यू.के. में डोमिनोज पिज्जा का चेन खोला। कई तरह के व्यवसाय से जुड़े वरजी टॉमस गुड कंपनी के मालिक हैं, जिनके पास दो शाही वॉरंट हैं। संपत्ति के व्यवसाय में उनका काम बहुत विस्तृत है। रूमी फाउंडेशन क्लिंटन फाउंडेशन के साथ मिलकर काम करता है और यू.के., भारत, पूर्वी अफ्रीका एवं दक्षिण अमेरिका में शिक्षा तथा नवोन्मेष के क्षेत्र में मदद करता है। वह एल.आई.एल.वाई. के संरक्षक हैं और लंदन में रहते हैं।)

लॉर्ड पारेख

मेरी प्रिय बा,

आपको गए हुए डेढ़ दशक हो चुके हैं। मुझे लगता है कि अब कुछ तटस्थ होकर मैं आपके बारे में सोच सकता हूँ कि आप हमारे लिए क्या थीं, आप क्या करना चाहती थीं और आप मुझे (अपने बड़े बेटे को) तथा मेरे चार छोटे भाइयों को क्या बनाना चाहती थीं। आपका विवाह कम उम्र में हो गया और आप एक पितृ सत्तात्मक परिवार से दूसरे पितृ सत्तात्मक परिवार में आ गई थीं। दोनों परिवारों का ढाँचा वही रूढ़िवादी था; जैसे कि एक अच्छी पत्नी कैसी होती है, अच्छी बहू और अच्छी माँ कैसी होनी चाहिए, और इसी तरह की न जाने कितनी बातें। आप पर इस बात का दबाव था कि आप इन सभी अपेक्षाओं पर खरी उतरें। ऐसा नहीं था कि आपने आँखें मूँदकर सब मान लिया। आप उस स्थिति में थीं कि उन आशाओं पर सवाल उठा सकें और अपना विरोध जता सकें। आपके अंदर इस तरह के गुण किस तरह से आए, मुझे नहीं पता। शायद इस वजह से कि आपने बहुत कम उम्र में अपनी माँ को खो दिया था और कई वर्षों तक आपको अपने छोटे भाई-बहनों की देखभाल भी करनी पड़ी। जो भी हो, यह बात आपको बाकी माँओं से अलग करती है। मेरे पिता एक प्रतिभाशाली, महत्त्वाकांक्षी तथा दूरदर्शी इंसान थे; लेकिन अपने परिवार के सपनों को लेकर व्यावहारिक नहीं थे—और जब कोई उनकी अपेक्षाओं पर खरा नहीं उतर पाता था तो वे बहुत असहज महसूस करने लगते थे। वे गुस्से में आ जाते और कई बार मरने-मारने पर उतारू हो जाते। वैसे तो वे मुझे बहुत गहराई से प्यार करते थे, लेकिन वे अपने छोटे भाइयों तथा दूसरे बेटों के साथ बहुत रूखा व्यवहार करते थे। वे जब भी उनके गुस्से का सामना करते थे, तब आप बीच-बचाव कर उनको राहत पहुँचाती थीं, सुरक्षा देती थीं। आप विश्वास एवं प्रेम का द्वीप बन गईं तथा सुरक्षा व राहत का वैकल्पिक स्रोत भी। ऐसा करते हुए आपने कमजोरों का एक गठजोड़ भी तैयार किया, जो जरूरत पड़ने पर आपकी सुरक्षा के लिए भी उसी तरह से तैयार रहता था और जो आमतौर पर आपके सामने झुककर रहता था। एक पितृ सत्तात्मक ढाँचे में रहते हुए भी आपको इस बात पर पूरा भरोसा था कि स्त्रियाँ पुरुषों से किसी भी तरह से कम नहीं होतीं और उनको पूरी तरह से समानता मिलनी चाहिए। जब इंदिरा गांधी भारत की प्रधानमंत्री बनीं तो मुझे याद है कि आपने बड़े उत्साह में आते हुए कहा था कि वे सभी अकड़ू पुरुषों को देख लेंगी और एक बेहतर तथा अधिक अनुशासित देश बनाएँगी। जब तथ्य कुछ और बताने लगे तो भी आपने भरोसा नहीं छोड़ा। आपने बहुत जटिल और कई बार अव्यावहारिक तरीके से मुझे जीवन और इसके रहस्यों के बारे में कितना कुछ सिखाया।

आपने मुझे यह सिखाया था कि किस तरह सत्ता का ढाँचा डर के बजाय आपसी हितों तथा निर्भरता के आधार पर बनाया जाता है। आपने मुझे यह भी सिखाया कि किस तरह से कुशलता के साथ अपने बच्चे को अपने पति के सामने रखकर सत्ता का संतुलन बनाए रखा जा सकता था। आपको देखते हुए मैंने यह सीखा कि अपने तथा अन्य लोगों के बच्चों के साथ किस तरह का व्यवहार करना चाहिए—तटस्थ रहते हुए भी अपने बच्चों के प्रति थोड़ा झुकाव दिखाकर। आप घर में मेरे मुस्लिम दोस्तों व सहकर्मियों का स्वागत करतीं और पड़ोसियों को यह बतातीं कि वे सब हिंदू थे। आप इस बात को समझती थीं कि पिता का क्रोध उनकी कमजोरी का द्योतक था और उनको लगता था कि इससे निपटने का सबसे आसान तरीका यह था कि उनके विरुद्ध किसी तरह की प्रतिक्रिया ही न जताई जाए, बल्कि उनको अपने आप शांत होने दिया जाए। आपने मुझे यह सिखाया कि राजनीति कैसी होती है, जिसने मुझे एक गंभीर छात्र बनने और फिर बाद में प्रोफेसर होने में मेरी मदद की। मुझे नहीं पता कि आप यही चाहती थीं कि मैं बनूँ, लेकिन मैं यही बना और इस उपहार के लिए मैं आपका तहेदिल से शुक्रगुजार हूँ।

भरपूर प्रेम के साथ,

—**भिखु**

(लॉर्ड भिखु पारेख राजनीतिक सिद्धांतकार एवं ब्रिटेन के एक बड़े परिवार से हैं और उन्होंने ब्रिटेन में बहु-सांस्कृतिकता तथा नस्लीय सामंजस्य को लेकर बहुत बड़ा काम किया है। उन्होंने यूनिवर्सिटी ऑफ हल एवं लंदन स्कूल ऑफ इकोनॉमिक्स में पढ़ाया और बड़ौदा विश्वविद्यालय के कुलपति रहे। उनको प्रतिष्ठित ग्लोबल थिंकर पुरस्कार, सर इसैया बर्लिन सम्मान तथा भारत सरकार द्वारा 'पद्‌मभूषण' दिया गया है। उन्होंने राजनीति एवं दर्शन को लेकर अनेक पुस्तकें लिखी हैं। वे गुजरात मूल के हैं। उनके पिता लुहार थे। उनके तीन बेटे हैं और वे अपनी पत्नी लेडी प्रमिला पारेख के साथ रहते हैं।)

Outer Distt Citizen First
We Are Always Ready to Help
Women Help Line No: (P.S. Narela)
27281521
(24x7)
SCG-5/92
MISSING

महिलाएँ एक साथ मिलकर अपनी दिन-प्रतिदिन की समस्याओं, जैसे—गलियों व नालियों से जुड़ी कठिनाइयाँ, बहते पानी और अपने बच्चों के स्वास्थ्य—पर बात करने के लिए एकत्र होती हैं। वे यहाँ पर यह भी सीखती हैं कि किस तरह वे अपने बच्चों को सुरक्षित रख सकती हैं। बहुत से साझेदार संगठन स्व सहयोग समूह के माध्यम से महिलाओं की सहायता करते हैं, जो उनकी मदद व सशक्तीकरण हेतु जानकारियों को साझा करने और उनके वातावरण में सुधार करने में सहयोग का बहुत बड़ा स्रोत है।

अमीना : एक पीड़िता की कहानी

अम्मी,

मेरी जिंदगी का उद्देश्य क्या है ? ऐसा सोचने के लिए मैं कई बार बाध्य हो जाती हूँ। हम अजमेर में पाक दरगाह शरीफ के पास रहते थे। मैं आपके साथ कितनी खुश थी। जब मेरी उम्र 8 साल की थी, तब मुझे कुछ लोग उठाकर ले गए। हर रोज की तरह मैं भी दूसरी बच्चियों की तरह ही स्कूल से घर लौट रही थी, मुझे अंदेशा भी नहीं था कि अगले पल मेरे साथ क्या होने वाला था। कुछ अनजान लोगों ने मुझे पकड़ लिया और जबरदस्ती कुछ नशीला पेय पिला दिया। मैं बेहोश हो गई और जब होश आया, तब तक मेरी दुनिया बदल चुकी थी। मुझे पता चला कि मैं एक बहुत बड़े शहर में हूँ और उस शहर का नाम मुंबई था। मैं मुंबई के एक चॉल में रह रही थी, जहाँ मेरे साथ दरिंदगी होती थी। जो मेरे लिए एक ऐसा दु:स्वप्न था, जिससे मैं बाहर नहीं भाग सकती थी। वे लोग हमेशा मुझ पर निगाह रखते थे।

कई महीने यों ही गुजर गए, इसके बाद मुझे एक दलाल ने रमेश के हाथों बेच दिया। अब मैं उसके साथ रहने लगी। उन लोगों ने मुझे 'रंडी' बना दिया। अम्मी! कुछ वर्षों के बाद रमेश मुझे लेकर अलीगढ़ आ गया और उसने मेरी शादी अपने भाई विश्वास से कर दी, जो करीब 35 साल का था और मेरी उम्र महज 13 साल की थी। मैं गर्भवती हो गई, बच्चे को जन्म तो दिया, पर उसे बचा नहीं पाई।

जब मेरी शादी हुई थी तो विश्वास बहुत मजबूत और स्वस्थ था, लेकिन अचानक वह बीमार रहने लगा और कमजोर हो गया। मैंने उससे कहा कि मैं अजमेर में शेख की दरगाह पर उसकी सेहत के लिए दुआ करना चाहती हूँ, इसलिए उसने मुझे रमेश के साथ वहाँ भेज दिया। यह मेरे लिए अत्यंत सुखद था कि हम दोनों फिर एक-दूसरे से मिल गए थे। आपकी सहेलियों ने मुझे दरगाह में देख लिया और वे भागती हुई आपके पास गईं। हम दोनों मिलने के बाद कितना रोए थे! आप इतने सालों से मेरी तलाश में थीं और आपने कभी उम्मीद नहीं छोड़ी थी। आपने रमेश से मिन्नतें कीं कि वह कुछ दिन मुझे आपके साथ रहने दे। आखिरकार वह मान गया और मुझे माँ का प्यार-दुलार फिर से मिल पाया। जब विश्वास की मौत हो गई, तब मुझे अलीगढ़ में उसके परिवार के पास लौटना पड़ा। विश्वास के परिवारवालों ने मुझे ही मौत के लिए जिम्मेदार ठहराया और वे मेरे ऊपर जुल्म ढाने लगे। अल्लाह के रहम से उन्होंने मुझे आपके पास वापस भेज दिया। एक बार फिर मेरे हाथों में मेहँदी रचाई गई, मेरी शादी हुई और मैं दो बार गर्भवती हुई; लेकिन दोनों बार बच्चे नहीं बचे। यह मेरे लिए बहुत सदमे की बात थी। इससे भी बड़ा सदमा उस वक्त लगा जब डॉक्टर ने बताया कि मैं एच.आई.वी. पॉजिटिव हूँ। यह सुनकर मैं मर जाना चाहती थी। मुझे पक्के तौर पर यह लग रहा था कि विश्वास की मौत एड्स से हुई थी और उसी से यह बीमारी मुझे लगी। डॉक्टर ने मुझे दवाएँ भी दीं, लेकिन उनका मेरे ऊपर कोई असर नहीं हुआ। गनीमत है कि ऐसा होने पर भी मेरे पति ने मुझे नहीं छोड़ा और मैं फिर से गर्भवती हो गई। यह आशा थी कि शायद अबकी बार मेरा बच्चा बच जाए। उसी समय किसी ने मुझे 'लिली' की परियोजना के बारे में बताया और मैं वहाँ पहुँच गई। वहाँ मुझे जीने के लिए नई रोशनी मिली। वे मुझे सिलाई-कढ़ाई सिखाने लगे। मेरे पास इलाज करवाने के लिए पैसे नहीं थे। जब मैंने आपको यह बताया अम्मी, पता नहीं मैं पैसे कैसे कमाऊँगी! आपने कहा कि शेख चिश्ती से दुआ करूँ और मुझे गले से लगा लिया। आपका गले लगाना ऐसा था मानो सारी कायनात ने मुझे आगोश में ले लिया हो। मुझे अच्छा महसूस होने लगा। जीने को शायद नया मकसद मिल गया···

—अमीना

अंजू : एक पीड़िता की कहानी

माँ,

आपने मुझे जन्म तो दिया, लेकिन अफसोस! आप मेरी सही मायने में माँ नहीं बन सकीं; क्योंकि आपने मुझे चंद पैसों के लिए बेच दिया था। क्या आपको मुझसे जरा सा भी प्यार नहीं था? मैं 12 या 13 साल की थी, जब परिवार ने मुझे बेच दिया, आप देखती रही और उन्हें रोका भी नहीं। वह भी कितने थोड़े से पैसों के लिए! बाजार में एक भैंस की भी कीमत इससे अधिक होती है।

मेरी जिंदगी नरक बन गई। मेरा मालिक मुझे शराब पिलाता था और मैं अपना दर्द भुलाने के लिए उसे गटक जाती थी। मुझे एक दिन में 15-15 ग्राहकों को सँभालना पड़ता था। वे पसीने से लथपथ, बदबू से भरे, कठोर हृदय वाले मर्द होते थे। समय के साथ मैंने चार बच्चों को जन्म दिया, किंतु मैंने उन्हें उनके हाल पर ही छोड़ दिया, क्योंकि मैं चाहकर भी उनके लिए कुछ नहीं कर सकती थी। मैं बेबस थी।

मुझे शराब की लत ऐसी लगी कि उसके लिए मैं कुछ भी कर सकती थी और किया भी। गोवा में पर्यटकों और बार की भरमार है। एक बार के मालिक ने मुझसे कहा कि मैं जितनी चाहूँ उतनी शराब पी सकती हूँ, लेकिन बदले में मुझे उसके ग्राहकों को सेवा देनी होगी। इसके बदले में पैसे नहीं, केवल शराब मिलेगी। मुझे शराब की लत लग चुकी थी, इसलिए मैंने उसकी बात मान ली। वह मुझे तो थोड़ा-बहुत खाना दे भी देता था, लेकिन मेरे बच्चों को नहीं। मैं केवल अपनी सबसे छोटी बेटी को ही खाना खिला पाती थी, जिसकी उम्र महज एक साल थी।

मेरे बच्चे, जिनके पास न तो खाने को कुछ था और न ही पहनने को। ऐसी हालत में 'लिली चैरिटी' को मेरे बच्चे मिले। चैरिटी ने मुझे बार के मालिक के खिलाफ शिकायत दर्ज कराने की सलाह दी। अपने बच्चों के लिए मैंने ऐसा ही किया। पुलिस ने बार पर छापेमारी की और मुझे तथा अन्य लड़कियों को उस दलदल से बाहर निकाला। उन्होंने बार के मालिक सहित पाँच लोगों को गिरफ्तार भी किया। मेरे साथ की दूसरी लड़की की जल्द ही मौत हो गई। मैं भी एच.आई.वी. पॉजिटिव हूँ।

यह मामला जब अदालत में पहुँचा तो गवाही के लिए मुझे बुलाया गया। मैं बहुत डरी हुई थी, लेकिन मैं गई। मैं उस आदमी को सजा दिलवाना चाहती थी, ताकि वह दूसरी लड़कियों का शोषण न कर सके और न ही बुरे कामों के लिए उनका इस्तेमाल करे, जैसा हमारे साथ हुआ।

चैरिटी ने मुझे माँ की छाँव की तरह रखा। उन्होंने मुझे लॉण्ड्री के काम का प्रशिक्षण दिया है। मैं एक सरकारी सुरक्षित घर में रहती हूँ और मेरे बच्चे स्कूल जाते हैं। मेरी सबसे छोटी बेटी भी स्कूल जाती है, जो अब तीन साल की हो चुकी है। मैं चाहती हूँ कि वे पढ़ें-लिखें व उनका जीवन बेहतर और सुरक्षित हो। जैसा तुम मुझे नहीं दे पाईं, पर मैं एक अच्छी माँ बनने की पूरी कोशिश कर रही हूँ।

—अंजू

राकेश ओमप्रकाश मेहरा

प्रिय ईश्वर!

मैंने आपको कभी नहीं देखा है, हालाँकि इसकी जरूरत भी क्यों है? आपका चेहरा मेरी माँ के चेहरे से कितना ही अलग होगा! मैंने अपनी माँ में 'ईश्वर' को देखा था और प्रकृति की सुंदर सृष्टि के बारे में जाना था। वे मेरे लिए निर्माण और विकास का स्वरूप थीं। उनका नाम 'अन्नपूर्णा' था, जिसका अर्थ होता है—सभी का पेट भरने वाली। उन्होंने न केवल मुझे अपना दूध पिलाया, बल्कि ढेर सारा प्यार भी देती रहीं। उन्होंने निःस्वार्थ भाव से न केवल परिवार के लोगों को प्यार दिया, उनकी देखभाल की, बल्कि वे दूसरों का भी पूरा खयाल रखती थीं।

वे न केवल मनुष्यों को, बल्कि जानवरों और पेड़-पौधों को भी उतना ही प्यार करती थीं। उनका प्रकृति से एक अलग तरह का जुड़ाव था। मैंने कई बार उन्हें पौधों से बातें करते सुना है। मैंने उन्हें चिड़ियों से बातें करते भी सुना है। उनके अंदर किसी समुद्र की तरह नदियों का दर्द सोखने, उन्हें पवित्र करने और वापस बारिश के रूप में हम पर उसकी बौछार करने की क्षमता थी।

उनका व्यक्तित्व सृजन एवं संरक्षण के विचार वाले नारीत्व का रूपक था। हालाँकि, उन्होंने स्कूल व कॉलेज में जाकर पढ़ाई नहीं की थी और न ही उस तरह से शिक्षित थीं, जिसे हम आज के समय में शिक्षित होना समझते हैं, लेकिन वे बहुत ही अधिक बुद्धिमान और विकसित थीं; इतनी ज्यादा कि यह आज भी मेरी समझ से परे है।

माँ, आप पेशे से एक डॉक्टर नहीं थीं, लेकिन आपके छूने से हम ठीक कैसे हो जाते थे? माँ, आपके पास कभी भी किसी बैंक में खाता नहीं था, लेकिन फिर भी आप हमें हमेशा पैसे देती रहीं और समृद्ध करती रहीं।

आप गुजर चुकी हैं, आपकी आत्मा हमें छोड़कर जा चुकी है; लेकिन मुझे महसूस होता है कि आप मेरी बेटी के रूप में वापस मेरे पास लौट आई हैं। अपनी पत्नी में मुझे आपका ही प्यार और स्नेह महसूस होता है। अपनी बहन में मैं आपकी ही छवि देखता हूँ। बहती हवा में मुझे आपके गीत सुनाई देते हैं।

अब मैं अमरता का अर्थ समझ चुका हूँ।

'लिली' मेरे लिए प्रत्येक माँ के लिए एक कविता है, जिसमें वह न केवल मानव तस्करी की शिकार लड़कियों की पीड़ा का विलय करती है, बल्कि उस परिवर्तन का रूप है, जो उनके लिए एक बेहतर कल लेकर आएगा।

मेरा सारा प्रेम और बाकी सबकुछ आपके लिए,

—राकेश

(राकेश ओमप्रकाश मेहरा एक प्रसिद्ध भारतीय फिल्म निर्माता और स्क्रीन राइटर हैं। उन्हें तीन बार राष्ट्रीय पुरस्कार से नवाजा जा चुका है। बी.ए.एफ.टी.ए. पुरस्कार के लिए नामित हुए हैं। उनकी फिल्मों में मिल्खा सिंह के जीवन पर आधारित फिल्म 'भाग मिल्खा, भाग' और 'रंग दे बसंती' शामिल हैं। उन्होंने वैक्यूम क्लीनर बेचना शुरू किया था, लेकिन जल्द ही विज्ञापन फिल्म के निर्देशन के काम में आ गए और 100 से अधिक विज्ञापनों का निर्माण किया है। वे एक मुखर सामाजिक कार्यकर्ता भी हैं। राकेश अपनी पत्नी भारती एवं दो बच्चों के साथ रहते हैं।)

के.पी. सिंह

प्रिय माँजी,

90 बरस की उम्र में भी मुझे 8 साल वाले अपने बचपन के दिन कितनी अच्छी तरह से याद हैं! मैं गाँव में फैले गेहूँ के खेतों और आमों के बगीचों में नंगे पाँव दौड़ता रहने वाला एक नन्हा बालक था। भैंस की पीठ पर बैठकर घूमता रहता और अँधेरा होने के बाद अपनी बहन के साथ जुगनुओं के पीछे भागता फिरता। मेरे घुटने फूट जाते एवं कुहनी छिल जाती थी। घर वापस लौटने के बाद मेरी यह हालत देखकर आप गुस्से से भर जाती थीं। लेकिन मैं जानता था कि आप यह सोचकर मन-ही-मन खुश होती थीं कि मैं एक उत्साही और रोमांच से भरा बच्चा था। आप मुझे बहुत अच्छे से समझतीं और मेरा मार्गदर्शन करती थीं, ताकि मैं निडर होकर जी सकूँ। आपने जीवन भर मुझे अपने सपनों के पीछे भागने और बड़े-से-बड़ा जोखिम उठाने का हौसला दिया। मैं कई बार टूटा और हारा, लेकिन हर बार मैंने अपने आप को समेटा और पहले से भी अधिक शक्ति के साथ नई शुरुआत की।

अब जबकि मेरे अपने बच्चे और पोते-पोतियाँ हैं, मुझे शोहरत और इज्जत सबकुछ मिल चुकी है, बावजूद इसके मैं आपके द्वारा दिए गए अनुशासन और आत्मविश्वास के प्रति कृतज्ञता महसूस करता हूँ। मुझे आगे पढ़ाई के लिए विदेश भेजने के लिए मेरे पिता चौधरी मुख्तार सिंह ने एक वकील के रूप में प्राइवेट प्रैक्टिस करते हुए बहुत कड़ी मेहनत की थी। लेकिन वे अति अनुशासनप्रिय व्यक्ति थे और उनके करीब होना बहुत मुश्किल था। जब वे गुस्से में होते तो मैं काँपने लगता था, विशेष रूप से तब, जब उनका वह गुस्सा आपके लिए होता था। आपने मुझे टोका और अपने गुस्से पर नियंत्रण लाने की सलाह दी। आपने मुझे सिखाया कि अगर मैंने अपना आपा खो दिया तो इसका अर्थ होगा कि मैं अपने आप को खो दूँगा। आपकी यह सीख मेरे जीवन का एक सुनहरा नियम बन गया और कई प्रकार के प्रकोपों से मेरी रक्षा की।

मुझे याद है कि हर सुबह हमारे माथे पर लाल तिलक का कवच पहनाकर हमें स्कूल भेजने से पहले आप प्रार्थना करती थीं और कभी-कभी हम भी आपके साथ गायत्री मंत्र का जाप किया करते थे; यहाँ तक कि परिवार के पुजारी हम लोगों को रामायण, महाभारत और गीता का पाठ पढ़ाने भी आया करते थे। लेकिन मैं आपके धार्मिक जीवन का अनुसरण करने में असफल रहा। इसके बदले मैं किसी धर्म विशेष के सिद्धांत से प्रभावित न होकर सभी धर्मों में विश्वास करने लगा। मेरा यह मानना है कि ईश्वर उसकी ही मदद करता है, जो अपनी मदद स्वयं करता है। मुझे ऐसा महसूस होता है कि मेरी इस सोच ने ही मेरे जीवन को संचालित किया है।

मैं जानता हूँ कि आपको मेरी सुंदर व अच्छी पत्नी इंदिरा बहुत पसंद थी, जिसके साथ मैंने एक लंबा और सुखी जीवन बिताया। उसे गए दो साल होने वाले हैं, लेकिन मैं अपने तीन बच्चों एवं पाँच पोते-पोतियों का आभारी हूँ, जो मेरे गर्व और सांत्वना का स्रोत हैं।

आप, मेरी माँ रामप्यारी देवी, हमें छोड़कर वर्षों पहले चली गईं, लेकिन आपके प्रेम और आपके स्नेह ने मुझे एक सुखी व स्वस्थ जीवन के मार्ग पर चलने के लिए तैयार कर दिया था। आप हमारे कार्यों और जीवन के हर पल में याद आती हैं माँ…

आपका प्यारा बेटा,

—कुशली

(रियल एस्टेट मुगल कुशल पाल सिंह ने दिल्ली के बाहर एक ग्रामीण टाउनशिप से डी.एल.एफ. सिटी का निर्माण किया है। इस कंपनी के नाम से 42 किलोमीटर क्षेत्र की जमीन है। उन्होंने भूकंपरोधी इमारतों, अपार्टमेंट्स, शॉपिंग मॉल्स और क्लबों का निर्माण किया है। उनकी आत्मकथा 'व्हाटएवर द आड्ज : दि इनक्रेडिबल स्टोरी बिहाइंड डी.एल.एफ.' उनके असाधारण नजरिए और दृढ़ प्रतिज्ञा को सबके सामने लाती है। वे 'फोर्ब्स' 2017 में एशिया के 50 सबसे अमीर लोगों की सूची में शामिल थे। वे भारत के 10 सबसे अधिक परोपकार करने वाले लोगों में शामिल हैं और अपने तीन बच्चों के साथ दिल्ली में रहते हैं।)

डॉ. कर्ण सिंह

मेरी माँ हिमाचल प्रदेश के काँगड़ा जिले से आई थीं। उनका विवाह भारत की सबसे बड़ी रियासत जम्मू व कश्मीर में हुआ था, लेकिन उन्होंने हमेशा ही अपना व्यक्तित्व एक साधारण आदमी जैसा ही बनाए रखा। मेरी माँ आधुनिक अर्थों में शिक्षित नहीं थीं, लेकिन वे बहुत ही अधिक सहृदय और दूसरों की चिंता करने वाली महिला थीं। मैंने उनसे बहुत कुछ सीखा है।

सबसे पहले तो मैंने उनसे सुंदर डोगरा-पहाड़ी लोकगीत सीखे, जो उनकी घरेलू सहायिकाएँ पर्व-त्योहारों में ढोलकी बजाते हुए गाया करती थीं। ढोलकी के वे ताल मेरे जीवन का स्थायी हिस्सा बन गए। मैंने उन सुरों को नए शब्द दिए और आने वाली पीढ़ियों के लिए उन्हें रिकॉर्ड भी किया है। दूसरी चीज जो उन्होंने मुझे सिखाई, वह यह थी कि भले ही मैं एक राजकुमार के रूप में पैदा हुआ था, पर मुझे सभी के साथ सम्मान एवं आदर के साथ व्यवहार करना चाहिए, जिनमें नौकर और हमारे कर्मचारी भी शामिल थे। उनकी इस शिक्षा ने मुझे दृढ़ और जीवन भर अच्छी स्थिति में बनाए रखा, विशेष रूप से एक ऐसे समाज में, जहाँ अधिक भाग्यशाली लोग अपने से नीचे स्तर के लोगों को हीन भावना से देखने के आदी हैं। तीसरी सबसे महत्त्वपूर्ण चीज, जो मैंने उनसे सीखी थी, वह उनकी सलाह थी। उन्होंने मुझे सलाह दी कि चाहे मैं अपने जीवन में कोई भी काम करूँ, उस काम का लक्ष्य गरीब और पिछड़े लोगों की मदद करना होना चाहिए। वे अकसर कहा करती थीं कि धनवान लोगों को हमेशा तुम्हारा धन चाहिए होगा, लेकिन निर्धन और गरीब लोग हमेशा ही उनकी मदद के लिए तुम्हारी सराहना करेंगे।

हमारी संस्कृति में हमारी माँ का हमारे जीवन में बहुत ही विशेष स्थान होता है। बेशक, हमें जन्म देने वाली माँ भी होती है, जो हमारा पालन-पोषण कर हमें वयस्क बनाती है; लेकिन हिंदू धर्म की गहराइयों में जाने पर देवी माँ कई रूपों में प्रकट होती हैं। एक स्तर पर सभी देवताओं की पत्नियाँ हैं—उमा-शंकर, लक्ष्मी-नारायण, सीता-राम आदि। इनमें महिलाएँ पहले आती हैं। उसके बाद दुर्गा की महान अवधारणाएँ आती हैं, जिन्हें उनके अपने अधिकारों से पूजा जाता है। उनकी अनेक भुजाएँ हैं, जिसमें वे विभिन्न देवों के अस्त्रों को पकड़ती हैं और अजेय हैं।

वेदों में मिलने वाला लैंगिक संतुलन दुर्भाग्य से इसके समाज में देखने को नहीं मिलता है। भारत और दुनिया के अन्य देशों में, समाज में महिलाओं की स्थिति हमेशा से अधीनस्थ रही है।

हालाँकि, हमारा संविधान पूर्णत: लैंगिक समानता प्रदान करता है और पिछले कुछ दशकों में एक सशक्त नारीवादी आंदोलन भी विकसित हुआ है, लेकिन महिलाओं की स्थिति अब भी संतोषजनक नहीं है। हम केवल यह उम्मीद ही कर सकते हैं कि लिंग या यौनिकता के आधार पर होने वाला भेदभाव खत्म हो जाएगा, ताकि हम सामाजिक रूप से एक समतावादी समाज बनने के पथ पर अग्रसर हो पाएँगे।

मुझे यह जानकर बहुत खुशी हो रही है कि मानव तस्करीरोधी चैरिटी 'लिली' इस क्षेत्र में महत्त्वपूर्ण कार्य कर रही है; क्योंकि बाल तस्करी शोषण का एक सबसे क्रूर और घृणास्पद रूप है। इस महत्त्वपूर्ण क्षेत्र में उनके काम के लिए मैं लेडी मोहिनी केंट और उनके सहकर्मियों की सराहना करता हूँ।

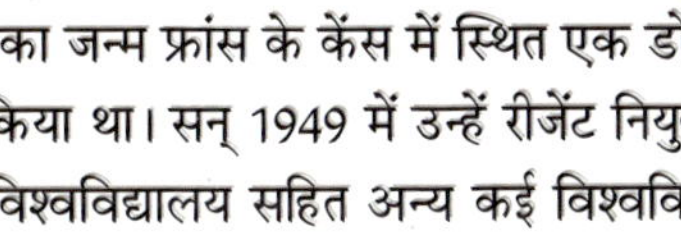

(कर्ण सिंह जम्मू व कश्मीर के पूर्व महाराजा हैं। वे एक विद्वान्, कवि, लेखक, परोपकारी और वरिष्ठ राजनेता भी हैं। वे कांग्रेस सरकार में कैबिनेट मंत्री थे और अमेरिका में भारत के राजदूत का पद भी सँभाल चुके हैं। उनका जन्म फ्रांस के केंस में स्थित एक डोगरा-राजपूत परिवार में हुआ था, जिसने जम्मू व कश्मीर पर शासन किया था। सन् 1949 में उन्हें रीजेंट नियुक्त किया गया था। वे बनारस हिंदू विश्वविद्यालय, जम्मू व कश्मीर विश्वविद्यालय सहित अन्य कई विश्वविद्यालयों के कुलाधिपति रह चुके हैं। उन्होंने कई पुस्तकें लिखी हैं, जिनमें 'ए ट्रिस्ट विद हिस्ट्री' और 'मीटिंग्स विद रिमार्केबल वुमेन' शामिल हैं। कर्ण सिंह की तीन संतानें हैं और वे दिल्ली में रहते हैं।)

अरशद वारसी

प्रिय अम्मा,

यह कितनी अजीब बात है कि मैं खुद नहीं जानता कि मुझे क्या कहना है। मैं पहली बार आपको चिट्ठी लिख रहा हूँ और वह भी तब, जब आपको गए अरसा बीत गया है।

मुझे लगता है कि मुझे सबसे पहले आपसे माफी माँगने की जरूरत है। दरअसल, मेरा सोचना है कि बेटे-बेटियों को ऐसा करने की जरूरत है। हमें इस बात के लिए माफी माँगनी चाहिए कि हम अपनी माँ से उस तरह का नि:स्वार्थ प्रेम नहीं कर पाते हैं, जितना कि माँ अपने बच्चों से करती है।

मैं आज तक यह नहीं समझ पाया और न ही मैं इस बात को समझना चाहता हूँ कि तार्किक रूप से जब एक पिता आपको गले लगाता है, तब आपको सहज और सुरक्षित महसूस करना चाहिए; क्योंकि ज्यादातर परिवारों में पिता ही वह शख्स होता है, जो अपने परिवार को आरामदायक और सुरक्षित जीवन मुहैया करवाता है, लेकिन बावजूद इसके आपकी उम्र कितनी भी ज्यादा क्यों न हो जाए, आपको अपनी माँ के सीने से लगकर ही सुकून और सुरक्षा महसूस होती है। माँ, मैं ही जानता हूँ कि मैं किस कदर आपके गले से लिपट जाना चाहता हूँ।

मुझे याद है कि अपने बोर्डिंग स्कूल से लगभग 3 महीनों के अंतराल के बाद घर वापसी का मुझे कितनी बेसब्री से इंतजार रहता था। मैं सुबह उठकर अपने अब्बा के साथ समुद्र-तट पर टहलने जाता और उसके बाद सुबह के नाश्ते में आपके बनाए गए कीमा, भेजा फ्राई, भुर्जी और पराँठे खाया करता था। ओह! मुझे वह नाश्ता कितना ज्यादा पसंद था! मैं हमेशा ही भूख से ज्यादा खा लेता था। लेकिन मुझे माफ कर दो अम्मा, अब मैं उस नाश्ते को 'मौत का खाना' (द फूड ऑफ डेथ) कहता हूँ। हा-हा-हा''हालाँकि, कभी-कभी मैं यह 'मौत का खाना' (द फूड ऑफ डेथ) खा भी लेता हूँ। मैं नहीं जानता कि ऐसा करने से मुझे आपकी याद आती है या फिर मैं इसलिए करता हूँ, क्योंकि मुझे आपकी याद आती रहती है।

अम्मा, मैंने आपको यह कभी नहीं बताया, लेकिन बाकी के बच्चों की तरह मुझे भी जीवन के बारे में बहुत सी बातें कभी समझ में नहीं आईं। मैं यह कभी समझ नहीं पाया कि एक अच्छा जीवन जीना कितना कठिन होता है। हम हमेशा कुछ-कुछ दिनों बाद पहले से भी छोटे घर में रहने चले जाते और हर बार मैं उन समझौतों को लेकर पहले से अधिक गुस्से में आ जाता था, जो हमें हमेशा करने पड़ते थे। हम छह लोग एक ही कमरे में रह रहे थे। एक दिन मैंने अब्बा को बहुत ही सस्ती शराब को ब्लैक लेबल की बोतल में डालते हुए देखा था। वे नहीं चाहते थे कि हम लोगों को हमारी वास्तविक स्थिति के बारे में पता चले; लेकिन मैं जानता था कि आपको छोड़कर मेरे आसपास सबकुछ बदल चुका था। लेकिन आप पहले जैसी ही थीं—चिल्लाने वाली, प्यार करने वाली, हँसती हुई, हमें गले से लगाने वाली, हमारे साथ खेलने और हमें खाना खिलाने वाली प्यारी अम्मा। मैंने आपसे यह सीखा है कि अपने अंदर की भावनाओं को बाहरी कारणों से प्रभावित नहीं होने देना चाहिए।

प्रिय अम्मा और अब्बा, मुझे इस बात का दु:ख है कि मैंने आपकी देखभाल उस तरह से नहीं की, जिस तरह से अब मैं कर सकता हूँ।

आपका बेटा,

(अरशद वारसी भारतीय फिल्म अभिनेता, निर्माता और गायक हैं। उन्होंने कई पुरस्कार जीते हैं। उनकी फिल्म 'मुन्नाभाई एम.बी.बी.एस.' के लिए उन्हें फिल्मफेयर अवार्ड से नवाजा जा चुका है। अरशद 14 साल की उम्र में अनाथ हो चुके थे और अपनी आजीविका चलाने के लिए घर-घर जाकर कॉस्मेटिक्स बेचने का काम करते थे। उन्होंने एक डांस प्रतियोगिता जीती थी और अपना एक डांस स्टूडियो भी खोला है। उन्होंने टी.वी. डांस शो भी होस्ट किए हैं और सफल टी.वी. धारावाहिकों में अभिनय भी किया है। वे अपने दो बच्चों और पत्नी मारिया गोरेट्टी के साथ रहते हैं।)

चीफ रब्बी एप्रैम मिर्विस

सन् 2015 में भारत दौरे पर वैलेरी और मैंने अपनी आँखों से असहनीय गरीबी व उत्पीड़न की स्थिति देखी, जो कि इतने सारे युवाओं की एक दु:खद वास्तविकता है।

भारत के बच्चों को इस दयनीय स्थिति से निकालकर सुरक्षित स्थिति में लाने के लिए 'लिली अगेंस्ट ह्यूमन ट्रैफिकिंग' का प्रयास शानदार है। जीवन-परिवर्तनकारी और जीवनरक्षक यह प्रयास विशेष रूप से कमजोर युवा लड़कियों के लिए अवसर प्रदान करता है, जो उन्हें बेहतर भविष्य प्रदान करने के लिए महत्त्वपूर्ण है।

मुझे याद है कि जेरूसलम तलमूद में पूछा गया था कि "पूरे तोराह में सबसे महत्त्वपूर्ण पद क्या है ?" महान संत रैबाई अकीवा ने उत्तर देते हुए कहा था कि "अपने पड़ोसी को अपने जैसा प्रेम करो।" (लैवीटिकस, 19:18)। हालाँकि, बेन अजाई की सोच इसके विपरीत थी। उनका मानना था कि तोराह का सबसे महत्त्वपूर्ण पद है—"यह आदमी के पीढ़ियों की किताब है। जिस दिन ईश्वर ने आदमी को बनाया था, ईश्वर की छवि में उसे बनाया था।" (जेनेसिस, 5:1)

बेन अजाई रब्बी अकिवा की ओर इशारा कर रहे थे कि उनके पद हमें अपने पड़ोसियों के प्रति प्रेम दर्शाने के लिए कहते हैं—पड़ोसी, जिन्हें हम जानते हैं; जिनके हम करीब हैं; जो हमारी आस्था का हिस्सा हैं। जबकि जेनेसिस से हमने यह सीखा है कि प्रत्येक मानव ईश्वर की ही छवि में निर्मित है और इसलिए हमें सबके प्रति सहानुभूति व समानुभूति दिखानी चाहिए।

इस संदर्भ में, ईश्वर की छवि में जन्म लेने वाले इस सहज मानव गरिमा के लिए मानव तस्करी से अधिक विनाशकारी कुछ दूसरा हो सकता है क्या ?

यह स्पष्ट है कि लेडी नून और 'लिली अगेंस्ट ह्यूमन ट्रैफिकिंग' के लिए तत्परता से कार्य में जुटा हर व्यक्ति मूल्यवान है। उनका काम बहुत महत्त्वपूर्ण है। इस शानदार संगठन से जुड़े हर आदमी को मैं शुभकामनाएँ देता हूँ। मैं आशा करता हूँ कि इसे सफलता मिले और यह अपराध के सबसे घिनौने स्वरूप के विरोध में अपनी लड़ाई जारी रखे।

(चीफ रब्बी एप्रैम मिर्विस राष्ट्रमंडल देशों के संयुक्त हिब्रू संघों के प्रमुख और लंदन स्कूल ऑफ ज्यूइश स्टडीज के अध्यक्ष हैं। अपने सिनेगॉग में एक मुस्लिम इमाम द्वारा एक वार्त्ता की मेजबानी करने वाले वे पहले यूनाइटेड सिनेगॉग रब्बी थे। उनके पिता रब्बी डॉ. लिओनेल मिर्विस ऑफ केपटाउन ने रंगभेद के खिलाफ प्रचार किया और रॉबेन द्वीप के राजनीतिक कैदियों से मुलाकात की। उन्हें यहूदी कैंटोरियल संगीत पसंद है और टोटेनहम हॉटस्पर फुटबॉल क्लब का समर्थन करते हैं। उनके चार बेटे हैं और वे अपनी पत्नी वैलेरी के साथ रहते हैं।)

सुनीता अरोड़ा

प्रिय माँ,

आपको केन्या पसंद था, जहाँ हम एक बड़े से घर में नौकरों के साथ रहते थे; लेकिन हमें लंदन जाना पड़ा। उस समय मैं लगभग दो साल की थी। ब्रिटेन आपको रास नहीं आया। आप चिंतित व भयभीत-सी रहती थीं, आपको लगता था कि 'सबकुछ एक समस्या है।' नाचने-गाने, शराब व सिगरेट पीने वाले तथा दोस्तों के साथ मौज-मस्ती करने वाले मेरे खुशनुमा और सौभाग्यशाली पिता ने न्यू स्कॉटलैंड जॉइन कर लिया था और वहीं बस गए थे। इसमें किसी तरह का आश्चर्य नहीं था कि आप दोनों के बीच का रिश्ता बहुत ही नाजुक था।

आप हमेशा से ही एक मेहनती इंसान थीं और नेस्ले कंपनी की फैक्टरी में काम करती थीं। हमारे स्कूल से लौटने पर घर के दरवाजे पर ताला लटका होता था और हम आपके वापस लौटने तक घर की साफ-सफाई, सब्जी आदि काटने जैसा काम पूरा करके आपके लौटने का इंतजार किया करते थे। स्कूल हमारे लिए एक बुरे ख्वाब की तरह था। उनके अंदर तनिक भी दया नहीं थी। वे हमारा इंतजार करते रहते थे और हमारे पहुँचते ही हमें पीटने लगते थे, सिर व बदन पर उनकी मार झेलनी पड़ती थी। वे पूरे गलियारे में हमें घुमाया करते थे। हमने कभी भी सही कपड़े व सही जूते नहीं पहने, आप घर पर ही हमारे बाल काट दिया करती थीं।

हमारे जीवन की एकमात्र खुशी हमें पापा से मिली। मैं उनकी तरह होना चाहती थी और अब मेरा जीवन उनके जैसा ही है। उन्हें यह सब देखकर खुशी होती, लेकिन 60 वर्ष के होने के कुछ दिनों बाद ही वे चल बसे।

आप जालंधर की रहने वाली थीं और किशोरावस्था में ही आपका विवाह केन्या में रहने वाले एक आदमी के साथ कर दिया गया। शायद इसलिए आप भी चाहती थीं कि आपकी बेटियों की शादी भी कम उम्र में ही हो जाए। आप हमेशा डरी रहतीं कि कहीं मेरे और मेरी बहन के साथ कुछ बुरा न हो जाए। आपका जीवन एक कार दुर्घटना की तरह क्षतिग्रस्त था। आपका विश्वास हमें पढ़ाने-लिखाने में नहीं था, आपकी बंदिशों में हम रहते रहे, हम दोनों को बाहर जाने की अनुमति भी नहीं दी। हमारी संस्कृति का सबसे बुरा हिस्सा यह है कि बेटियों को बोझ समझा जाता है। हमारी चचेरी बहनों का विवाह सोलह साल की उम्र में कर दिया गया था और आपको भी उन जैसा ही करना था। मैंने इन सबका पुरजोर विरोध किया। मैं पाँच साल और इंतजार करना चाहती थी, पढ़ना चाहती थी, एक अच्छा जीवन जीना चाहती थी। लेकिन आपने मुझसे कहा कि मुझे रसोई सँभालनी चाहिए और 'उसका' तथा बच्चों का ध्यान रखना ही मेरी नियति है। आपने जबरदस्ती 18 साल की उम्र में मेरा विवाह करवा दिया। अंततः मेरी किस्मत रसोई से ही जुड़ गई। 20 वर्ष की उम्र में मैं घर के कामकाज, अपने तीन बच्चों और सास-ससुर की सेवा में व्यस्त हो गई, जो हमारे साथ ही रहते थे।

सलाह लेने या बातचीत के लिए मैं हमेशा पापा के पास ही गई। बचपन में हम उनके दोस्तों से मिलने जाते थे। आपने हमें बताया था कि पिता की गर्लफ्रेंड थी। पापा शायद एक-दो घंटे के लिए शिक्षित और सभ्य महिलाओं की संगति में समय बिताना चाहते थे। मैं नहीं जानती कि पापा ने अपनी बेटियों की अच्छी पढ़ाई-लिखाई क्यों नहीं करवाई और हमें आपके भरोसे क्यों छोड़ दिया?

मुझे लगता है कि आप केवल दूसरे लोगों के लिए ही जीती थीं। आपको इसकी बहुत अधिक चिंता थी कि दूसरे क्या कहेंगे? आप उनसे अलग नहीं होना चाहती थीं। आपका घर बहुत साफ-सुथरा था, लेकिन आप अपने बच्चों से बहुत दूर थीं और हमेशा एक गंभीर माँ ही बनी रहीं। हमारे बीच किसी भी तरह का भावनात्मक जुड़ाव या संबंध नहीं बन पाया था। आपने मुझे बहुत कुछ सिखाया—कुछ अच्छी बातें तो कुछ बुरी बातें। मैंने अच्छा खाना पकाना सीखा, लेकिन मैंने यह भी सीखा कि बच्चों की परवरिश में क्या नहीं करना चाहिए। मैंने अपने बच्चों का भावनात्मक रूप से साथ देना सीखा, मैं सिर्फ एक कॉल पर उनके लिए हमेशा उपलब्ध रहती हूँ।

सस्नेह,

—सुनीता

(सुनीता अरोड़ा एक सफल बिजनेस वुमेन और चैरिटी की समर्थक हैं। उनका अपना व्यापार है और वे अरोड़ा ग्रुप की निदेशक हैं। वे अरोड़ा चैरिटी फाउंडेशन की सह-संस्थापक हैं और लिली, यूनेस्को तथा कैंसर चैरिटी के लिए लाखों का फंड इकट्ठा कर चुकी हैं। वे सर क्लिफ रिचर्ड और क्रिस्टोफर बिगिंज जैसे सेलिब्रिटी वाले ग्लिटरिंग बॉल्स की मेजबानी करती हैं। वे 'लिली अगेंस्ट ह्यूमन ट्रैफिकिंग' की संरक्षक हैं। वे एक व्यस्त माँ व दादी भी हैं, अपने पति सुरिंदर के साथ रहती हैं।)

सर जॉन स्टैंडिंग

प्रिय माँ,

मेरी माँ उम्र के उस पड़ाव में हैं, जहाँ उनके बारे में कुछ भी लिखना बहुत ही अनोखा और शानदार अनुभव भरा है। मेरी माँ को 50 वर्ष की उम्र में ही दो बार स्ट्रोक का सामना करना पड़ा था, नतीजतन उनके दाईं तरफ का निचला हिस्सा लकवाग्रस्त हो गया था। यह एक असहनीय स्थिति थी, लेकिन उन्होंने बड़ी ही बहादुरी के साथ इसका सामना किया।

मेरी माँ एक अभिनेत्री थीं। वे बहुत ही हँसमुख और विनोदी स्वभाव की थीं। मुझे लगता है कि मेरे अंदर उनके ही ये गुण थे, तभी मैंने भी यह पेशा अपनाया।

मेरी स्मृति में मेरी माँ की पहली छवि वह है, जिसमें उनकी उँगलियों के बीच एक सिगरेट फँसी हुई थी। उन्हें धूम्रपान की लत थी और उन दिनों यदि आप आधुनिक नाटकों में काम करते थे तो आपका निर्देशक आपके संवाद के बीच आने वाले क्षणिक अंतराल में भी आपको एक सिगरेट जलाने के लिए प्रोत्साहित किया करता था। यह भयानक, लेकिन शानदार आदत आपके निजी जीवन का भी हिस्सा बन जाती थी।

मेरे नाना भी एक अभिनेता थे। अपने कॅरियर में आगे बढ़ने के लिए उन्होंने अपना घर छोड़ दिया और हॉलीवुड चले गए। उन्होंने मेरी नानी (एक अन्य कलाकार) और मेरी माँ को अपने हाल पर छोड़ दिया था, जो अच्छा नहीं था। मेरी माँ ने दोबारा उनसे कभी बात नहीं की। मेरे सौतेले पिता भी एक कलाकार ही थे। वे न केवल एक कलाकार थे, बल्कि एक मैनेजर भी थे। एक अभिनेत्री के लिए यह हमेशा ही एक पसंदीदा विकल्प होता था, क्योंकि रोजगार की संभावना बनी रहती थी।

वास्तव में भी ऐसा ही हुआ और मेरी माँ ने नियमित रूप से 'ग्राइंडोन' के लिए काम किया और स्ट्रोक आने तक उनके साथ मिलकर ढेरों नाटक किए। उधर हॉलीवुड में उनके पिता को 'ब्लैक विडो स्पाइडर' ने काट लिया और उनकी मौत हो गई। मेरी माँ को कभी भी इस अंत की जानकारी नहीं मिली।

अपनी भयावह स्थिति के बावजूद मेरी माँ बहुत असाधारण रूप से बहादुर थीं और समंदर किनारे की तरफ वाली बालकनी में रखी कुरसी पर बैठी अपनी माँ से मैंने और मेरे भाई टिम ने उनकी बुद्धि और उनकी हाजिर-जवाबी सीखी।

आपको ढेर सारा प्यार,

—जे

(सर जॉन स्टैंडिंग एक बहुत ही लोकप्रिय ब्रिटिश अभिनेता हैं। उन्होंने 50 से अधिक फिल्में की है, जिनमें 'द ईगल हैज लैंडेड', 'टू कैच ए किंग' शामिल हैं। उन्होंने 'द क्राउन' एवं 'गेम ऑफ थ्रोंस' सहित 20 से अधिक टी.वी. नाटकों में काम किया हैं। जॉन 'मर्डर शी रोट' जैसी टी.वी. सीरीज में भी दिखे हैं और असंख्य नाटकों का मंचन भी किया है। उनकी माँ कलाकारों के परिवार से थीं और उनके पिता का नाम सर रोनाल्ड जॉर्ज था। उन्हें 'लियान ऑफ ब्लेचले पार्क' की उपाधि विरासत में मिली थी। उनके तीन बच्चे हैं और उनकी पत्नी का नाम लेडी सारा स्टैंडिंग है।)

लॉर्ड ब्लंकेट

मुझे खेद है कि बचपन में मैंने अपनी माँ को पत्र नहीं लिखा। कहने का तात्पर्य यह है कि कोई और लिख सकता था या लिखने में मेरी मदद कर सकता था; चूँकि मैं ब्रेल लिपि का इस्तेमाल करता था और मेरी माँ वह नहीं पढ़ सकती थीं, इसलिए मैं ऐसा नहीं कर पाया। मैं लिखना चाहता था, क्योंकि 4 साल की उम्र से ही मैं नेत्रहीन बच्चों के लिए बनाए गए विशेष स्कूल में पढ़ने जाने लगा था, जहाँ कभी-कभी सभी बच्चे घर जाने के बजाय वहीं रहा करते थे (हालाँकि हमारा स्कूल हमारे शहर शेफील्ड के दूसरे छोर पर ही स्थित था।) इसलिए मेरी यह सोच पीढ़ी-दर-पीढ़ी मेरी माँ के लिए एक संदेश है।

अपने माता-पिता द्वारा किए गए बलिदानों को हम अकसर युवा होने के बाद ही समझ पाते हैं। आपका जीवन कठिन और कभी-कभी बहुत ही कठोर था और इसने आपको अंतर-युद्ध की स्थिति में धकेल दिया, जहाँ एक दर्दनाक और पीड़ा देने वाले, तलाक के बाद आपको अपना और अपनी बेटी (मेरी आधी बहन डोरीन) का खयाल रखना था। आपके लिए तलाक न केवल मुश्किल था, बल्कि इसने आपको बुरी तरह से तोड़कर रख दिया था।

आपने एक स्पेशलिस्ट टूल कंपनी में काम किया और एक लड़की के रूप में प्रिंटिंग इंडस्ट्री से जुड़ी रहीं। द्वितीय विश्वयुद्ध में आपका योगदान बहुत ही विशेष था। कंप्यूटर एसिस्टेड तकनीक के आने से बहुत पहले आपने ट्रेसर बुलेट का इस्तेमाल किया और अपने घर में अपने रिश्तेदारों को आश्रय दिया।

सन् 1946 में आपका विवाह हुआ और बिना किसी पूर्व योजना के मेरा जन्म हुआ। आपकी सेहत खराब होने लगी और मेरे नेत्रहीन होने की बात से आप चिंतित रहने लगीं; लेकिन इससे आपके अंदर की इच्छाशक्ति समाप्त नहीं हुई। जीवन ने जो कुछ भी दिया, उसे आपने पूरे साहस एवं हृदय से स्वीकारा। जब मैं 9 साल का था, तब आपको ब्रेस्ट कैंसर हो गया। उन दिनों ब्रेस्ट कैंसर के मरीज कुछ महीनों से ज्यादा जीवित नहीं रह पाते थे, लेकिन आप 27 सालों तक जीवन से संघर्ष करती रहीं।

जब मैं 12 साल का था, तब काम के दौरान एक दुर्घटना में पिताजी की मृत्यु हो गई। उस स्थिति में भी आपने मेरा और अपने पिता, यानी मेरे नाना का उनके वृद्धाओं के लिए बनाए गए अस्पताल जाने तक पूरा खयाल रखा।

इन सब बातों से ऊपर आपने सबसे ज्यादा मेरा खयाल रखा, मुझे प्यार किया, मुझे वक्त पर खुद खाना खिलाया और हाँ, बुरे दिनों में मुझे एक-दो घूँट शराब भी पिलाई। मुझे खुशी है कि आपकी मृत्यु से पहले मैं यूनिवर्सिटी में ईवनिंग क्लास के माध्यम से पहले लेक्चरर तथा बाद में शेफील्ड सिटी काउंसिल का लीडर बनने में सफल रहा और आप यह सब देखकर खुश थीं।

मुझे आशा है कि अब आप भी मुझ पर गर्व करेंगी, क्योंकि मुझे आप पर बहुत गर्व है।

—डेविड

(लॉर्ड ब्लंकेट ब्रिटेन की ब्लेयर सरकार में गृह सचिव थे। वे एक दुर्लभ आनुवंशिक बीमारी के साथ पैदा हुए थे, जिसने उनकी आँखों की रोशनी छीन ली थी। वे एक गरीब परिवार में पले-बढ़े और उनकी शिक्षा नेत्रहीनों के लिए बने विशेष स्कूल में हुई। जब वे 12 साल के थे, तब उनके पिता का देहांत फैक्टरी में काम करने के दौरान उबलते पानी के कंटेनर में गिरने से हो गया था। सन् 1997 में वे ब्रिटेन के पहले नेत्रहीन कैबिनेट मंत्री बने। उनके मार्गदर्शक कुत्ते रूबी, टेडी, लूसी, कॉस्बी अकसर ही उनके साथ ब्रिटिश संसद के आसपास दिखाई पड़ जाते थे। वे अपनी पत्नी लेडी मागरिट ब्लंकेट के साथ रहते हैं।)

सर विलियम मार्क टुली

मेरी सबसे प्यारी माँ,

मैं इस बात का बहुत शुक्रगुजार हूँ कि आपने अपना सारा जीवन अपने परिवार को समर्पित कर दिया। आपको यह जानकर खुशी होगी कि मैं भारत में रहता हूँ, लेकिन केट को छोड़कर आपके सभी छह बच्चे साल में कम-से-कम एक बार जरूर मिलते हैं। यह जताने या बताने की जरूरत नहीं है कि हम सब आपको हमेशा याद करते हैं। आप हमारी छुट्टियों के दिनों के लिए ऐसा हँसता-मुस्कराता घर बनाकर रखती थीं कि हमारा मन फिर वापस बोर्डिंग स्कूल जाने का होता ही नहीं था। मुझे याद है कि एक बार जब मैंने पापा से पूछा था कि गाँव के दूसरे बच्चों की तरह मैं भी गाँव के स्कूल में क्यों नहीं पढ़ सकता तो वे बहुत नाराज हुए और बोले कि मैं कितना एहसान-फरामोश हूँ, क्योंकि तब मैं इस बात पर शुक्रगुजार महसूस नहीं कर रहा था कि वे मुझे संभ्रांत स्कूल में पढ़ाने के प्रयास में कितना अधिक पैसा खर्च कर रहे थे। पापा अपने व्यवसाय में बहुत सफल थे। आप एक पत्नी व माँ के रूप में बेहद खुश रहती थीं, जो कि बेहद सम्मानजनक और मुश्किल कार्य समझा जाता है। आपका विवाह 20 साल की छोटी उम्र में हो गया था, हालाँकि तब आप इस बात का विरोध कर सकती थीं, क्योंकि आपका विवाह जिस व्यक्ति से हो रहा था, वह उम्र में आपसे 12 साल बड़े थे, लेकिन आपने ऐसा नहीं किया। मेरे पापा बहुत सख्त स्वभाव के इंसान थे; मुझे लगता है कि आप इस बात को समझती थीं कि वे दिल-ही-दिल में आपसे बहुत प्यार करते थे। उन्हें इस बात पर बहुत गर्व था कि आप बहुत सुंदर थीं और आपके अंदर असाधारण किस्म का सामाजिक कौशल था। आप जहाँ भी जाती थीं, अपनी छाप छोड़ती थीं। मुझे यह अच्छी तरह याद है कि जब मैं एक अनजान महिला से मिला और उसने बताया कि "गाँव की पत्रिका में यह पढ़कर मुझे बेहद अफसोस हुआ कि उस महान नारी का देहांत हो गया।" तब मेरी आँखों में आँसू आ गए। आप अपने तरीके की एक महान स्त्री थीं। आप हमेशा ग्रामीण ही बनकर रहीं। जब आपका विवाह कोलकाता में हुआ तो आपने जोर दिया कि आप टालीगंज में ही रहेंगी, जो शहर का एक बाहरी इलाका था। मुझे इस बात का अफसोस है कि वयस्क होने के बाद मैंने लगभग अपना सारा जीवन महानगरों में बिताया, इसलिए मुझे आपसे बागबानी सीखने का मौका ही नहीं मिला। जैसे आपका घर सुंदर होता था, आपका बगीचा भी उतना ही सुंदर दिखता था। मैंने आपसे यह सीखा कि कैथोलिक परंपरा के चर्च में उपासना करनी चाहिए। 93 साल की उम्र में जब आपका देहांत हुआ तो मैं इतना अभिभूत था कि मैंने इस बात पर जोर दिया कि आपके अंतिम संस्कार में शोकसभा का आयोजन होना चाहिए।

मुझे इस बात का दु:ख है कि भारत में रहने के कारण मुझे आपसे मिलने का बहुत कम मौका मिल पाया। जबकि आपका जन्म खुद भारत में हुआ था और विवाह के उपरांत के पहले 13 वर्ष आपने यहीं बिताए थे; लेकिन आप हर लिहाज से पक्की अंग्रेज थीं और आपको यह बात कभी समझ नहीं आई कि मैं उस जगह पर वापस लौटकर क्यों नहीं आना चाहता था, जो आपके लिए घर था। मुझे माफ कीजिएगा कि इस मामले में मैंने आपको निराश किया। मुझे इस बात का वास्तव में बेहद अफसोस है कि मैं आपके प्यार के बदले में कुछ नहीं दे पाया, जो प्यार आपने मुझे तथा मेरे भाई-बहनों को दिया। मैं आपका सदैव शुक्रगुजार रहूँगा। आपकी आत्मा की शांति के लिए प्रार्थना करता रहूँगा।

प्यार के साथ—और यह प्यार मेरे लिए मायने रखता है···

—मार्क

(सर विलियम मार्क टुली भारत में बी.बी.सी. के पूर्व ब्यूरो चीफ रहे हैं और 30 वर्षों तक बी.बी.सी. के लिए काम करते हुए उन्होंने अनेक बड़ी ऐतिहासिक घटनाओं को कवर किया। उनकी पुस्तकों में शामिल हैं—'अमृतसर राज टू राजीव' एवं 'नो फुल स्टॉप्स इन इंडिया'। उनका जन्म ब्रिटिश भारत में कलकत्ता में हुआ था। उनको ब्रिटेन की महारानी ने 'नाइट' की उपाधि दी। भारत सरकार की ओर से उन्हें 'पद्मभूषण' से सम्मानित किया गया तथा मुंबई प्रेस क्लब की ओर से उन्हें 'रेड इंक लाइफ टाइम अचीवमेंट सम्मान' दिया गया। वे दिल्ली में अपनी संगिनी गिलियन राइट के साथ रहते हैं।)

नृत्य सीखना उन्हें चिंता-मुक्त करता है और वे, जिनमें प्रतिभा है, को सार्वजनिक तौर पर अपनी प्रतिभा का प्रदर्शन करने तथा अपनी अलग पहचान बनाने का अवसर भी मिलता है। भारत में नृत्य-कलाओं की प्राचीन परंपरा रही है। इसका अर्थ है—यहाँ पर नृत्य-कलाओं के लोक अथवा शास्त्रीय रूपों के अध्ययन करने के भरपूर अवसर उपलब्ध हैं। यहाँ प्रतिभा-संपन्न बच्चों के लिए अध्यापक भी मौजूद हैं। बच्चों को नृत्य सिखाना मानव तस्करी का शिकार हुए लोगों के लिए आमदनी का एक माध्यम भी है।

सामाजिक मुद्दों पर अभिनय के माध्यम से बच्चों को उस संसार के बारे में सिखाया जाता है, जिसमें उन्हें वयस्क होने पर प्रवेश करना है। नुक्कड़ नाटकों से मानव तस्करी के बारे में जागरूकता फैलाई जा सकती है और बच्चों को उनके संकेतों के बारे में समझाया जा सकता है, जिनसे उन्हें सचेत रहने की आवश्यकता है। इसके अतिरिक्त वे अन्य सामाजिक समस्याओं, जैसे—लैंगिक समानता, बाल विवाह, स्वास्थ्य आदि को भी उठाते हैं।

चारु : एक पीड़िता की कहानी

माँ,

मैं आपके, अपने भाइयों और पिताजी के बारे में सोचती रहती हूँ। आपको नहीं पता है कि मेरे साथ क्या-क्या हुआ। मेरा अपने देश नेपाल को छोड़ना एक खौफनाक सपने की शुरुआत थी। वे पुरुष और स्त्री वैसे नहीं थे, जैसा वे खुद को दिखाते थे। दिखने में वे बड़े दयालु और मददगार लगते थे। ऐसा लगता था, मानो हमारे परिवार के प्रति उनके अंदर बहुत करुणा है। हमारे दु:खों की परवाह करते हुए उन्होंने यह कहा था कि दिल्ली में नौकरी तलाश करने में वे मेरी मदद करेंगे और मैं आप लोगों को पैसे भेज पाऊँगी, ताकि आप लोगों को दो जून की रोटी मिल सके। हम लोग बहुत गरीब थे। मेरे पास ऐसा कोई कपड़ा नहीं था, जो फटा हुआ न रहा हो और जिसकी रफू न की गई हो। दूर, पहाड़ पर रहना बहुत कठिन था। हमें कहीं भी जाने में एक से दो दिन लग जाते थे। यहाँ तक कि बीमार लोगों को कंधे पर लादकर अस्पताल ले जाना पड़ता था।

दिल्ली बड़ा शहर था, चारों ओर चकाचौंध थी। मैं अपने काम को लेकर सोच रही थी कि पता नहीं कैसी नौकरी मिलेगी, कौन सी मैम मुझे काम देंगी; लेकिन मेरी सोच बिल्कुल ही उलटी पड़ गई, जब उन लोगों ने मुझे वेश्यालय में बेच दिया, जिनके साथ मैं यहाँ तक आई थी। जो चाची वेश्यालय चलाती थी, वह किसी राक्षसी से कम नहीं थी। थू-थू!

आपको याद करके मैं रोती रहती थी; लेकिन आप बहुत दूर नेपाल में थीं। मेरे रोने की आवाज आप तक नहीं पहुँच सकती थी। मैं रोती और उनसे मिन्नतें करती कि मुझे जाने दें। मैं वहाँ नहीं रहना चाहती थी। मैं केवल 13 वर्ष की थी, लेकिन मेरी किसी बात का असर उन पर नहीं होता था। वे लोग मेरी तब तक पिटाई करते थे, जब तक कि मैं बेहोश न हो जाऊँ। उन लोगों ने मुझे कहा कि मुझे जो काम करने को कहा जाएगा, वह करना होगा, और क्या करना था, यह भी बताया। जब मैं उनके बताए कार्य से मना कर देती तो वे लोग मुझे कमरे में बंद कर दिया करते और खाने तक के लिए कुछ नहीं देते थे। मुझे इतनी भूख लगी होती थी कि मत पूछो। वह एक जेलखाना जैसा था, वे लोग मेरे जेलर थे। मेरे पास उनकी बात मानने के अलावा कोई चारा नहीं था। वहाँ आने वाले पुरुष गंदे होते थे। उनसे दुर्गंध आती रहती थी। सबकुछ बहुत भयानक था। मुझे पता ही नहीं चला कि वहाँ मैंने कितने साल गुजार दिए। मैं यह मान चुकी थी कि मेरी मौत भी अब इसी जगह होगी।

एक दिन वहाँ बहुत हलचल मची हुई थी। चाची ने मुझसे कहा कि अपहरण करने वाले आ रहे हैं और मुझे जल्दी छिप जाना चाहिए। उन लोगों ने अलमारियों के भीतर गुप्त अलमारियाँ बना रखी थीं, जिनमें से एक में मुझे छिपा दिया गया, लेकिन जो औरत आई थी, उसने मुझे खोज निकाला। चाची और उसके गुंडों ने मुझे पीटने की कोशिश की, लेकिन उन लोगों ने उनकी ही पिटाई कर दी। मैं उस समय बहुत डर गई थी। उस औरत ने मुझसे कहा कि मैं बिल्कुल भी न डरूँ। मेरे पास उनके साथ जाने के अलावा कोई और रास्ता नहीं था, लेकिन यह ठीक रास्ता था। वे मुझे एक बड़े घर में लेकर आ गए, जहाँ मेरे जैसी और अनेक लड़कियाँ सुरक्षित ढंग से रह रही थीं। उन लोगों ने मुझे खाना व कपड़ा दिया। मैं बहुत रोने लगी। वह औरत मुझे माँ की तरह दिलासा दे रही थी। वहाँ मैं बिना डर के सो पाती थी। वहाँ कोई गंदा आदमी नहीं आता था, जो मेरे साथ जबरदस्ती गंदा काम करे।

मैं उस घर में रहने लगी और बाद में लिली चैरिटी ने मुझे सिलाई-कढ़ाई का प्रशिक्षण दिलवाया। उन्होंने स्कूल में मेरा दाखिला करवा दिया, लेकिन मैं पढ़ना नहीं चाहती थी। मेरे साथ जो कुछ भी हुआ था, उस बात से मुझे किसी तरह की शर्म नहीं थी। मेरी जिंदगी ने जिस तरह करवट बदली थी, उससे मैं खुश थी और खुद को बहुत सौभाग्यशाली समझ रही थी। मुझे अब किसी तरह का गुस्सा नहीं है और मेरे साथ जो कुछ हुआ था, उसको मैंने अपनी स्मृति से निकाल दिया था। घर में मेरी कई बहनें हैं, जो मुझे प्यार करती हैं और मैं जो भी हूँ, उसी रूप में उन्होंने मुझे स्वीकार भी कर लिया है। मुझे विदेश के ग्राहकों के लिए कपड़े सिलना पसंद है, जो यूरोप तथा दूसरे देशों से अपने बुटीक के लिए कपड़ों के ऑर्डर भेजते हैं। मैं हमारे 'थाउजंड ड्रीम्स प्रोजेक्ट' के लिए डिजाइन तैयार करने का काम करती हूँ। मेरा सपना है कि मैं इतने पैसे कमा पाऊँ कि घर आपके पास पैसे भेज सकूँ।

—चारु

दीप्ति : एक पीड़िता की कहानी

माँजी,

अभी भी मेरे नथुनों में दुर्गंध भरी रहती है। उन असंख्य लोगों के पसीने की दुर्गंध, जिनका मुझे मनोरंजन करना पड़ता था। सिगरेट का धुआँ, पाउंड्स पाउडर की गंध, उनके द्वारा धाराप्रवाह दी जाने वाली गालियाँ। जिंदगी कभी न खत्म होने वाले नासूर जैसी बन गई थी। मानसिक व शारीरिक दोनों ही स्तरों पर जीना पीड़ादायक था। यह एक ऐसा चक्र था, जो खत्म होने का नाम ही नहीं ले रहा था। जिंदगी में प्रेम, करुणा, यहाँ तक कि साधारण सी मुस्कान के लिए भी मैं तरस गई थी।

वेश्यालय में मेरे तीन साल गुजर गए। मुझे आपकी याद आती थी और आप भी मुझे भूली नहीं थीं। एक दिन वेश्यालय में छापा पड़ा। दलालों ने मुझे छुपा दिया; लेकिन मुझे खोज निकाला गया और बचा लिया गया। अचानक मैं मुक्त हो गई। अब मैं उस दमघोंटू माहौल से निकलकर खुली हवा में साँस लेने लगी। मुझे पता है कि मेरे लापता होने के बाद आपने मेरी तलाश कभी नहीं छोड़ी। आप मदद के लिए एक संस्था के पास गईं और उन लोगों ने मुझे दिल्ली के जी.बी. रोड से खोज निकाला।

मैं शीला के साथ दिल्ली गई थी, जो जयपुर के पास हमारे गाँव से आई थी और नए कपड़ों में अमीर लग रही थी। उसने मुझे भी दिल्ली में कामवाली के रूप में काम करने की पेशकश की। हम उसे जानते थे, उसके ऊपर भरोसा करते थे; लेकिन आपको छोड़कर जाते हुए मुझे डर लग रहा था।

मैं दिल्ली गई; लेकिन शीला हमदर्द नहीं, एक राक्षसी निकली। आखिर हमें भी यह कैसे पता चलता कि वह एक वेश्या थी! सो उसने मुझे ले जाकर 5,000 रुपए में बेच दिया। मैं भागी, लेकिन वहाँ के लोगों ने मुझे पकड़ लिया। मुझे बेचते ही शीला वहाँ से गायब हो गई। मुझे एक कमरे में बंद कर दिया गया। उन लोगों ने मुझे बताया कि अब मैं एक वेश्या हूँ। मैं रो-रोकर उनसे यह मिन्नतें करने लगी कि मुझे जाने दें। उस वक्त मेरी उम्र महज 14 साल ही थी। वे हँसने लगते और मेरी खूब पिटाई करते थे। मुझे खाना भी नहीं दिया जाता था। वे मुझसे कहते कि अगर मैं नहीं मानी तो वे मुझे मार डालेंगे। वे मुझे शराब पिलाते और फिर मुझे कुछ याद नहीं रहता था।

जब मैं छोटी थी, आप मेरे बालों में तेल लगाती थीं और बीच से मेरी माँग निकाल देती थीं। मैं आपकी आँखों का तारा थी। हम लोग बहुत गरीब थे। बाबा खेत में मजदूरी करते, लेकिन सेठ उनको रोज के 20-30 रुपए ही देता था। हम दिन में एक बार भी भरपेट भोजन नहीं कर पाते थे। घर में हम लोग पाँच प्राणी थे। स्कूल जाने के लिए पैसों का तो सवाल ही नहीं उठता था।

मुझे अच्छे से याद है कि आप कितनी अच्छी तरह से मेरी देखभाल करती थीं! जब संस्था वाले मुझे वापस गाँव लेकर आए तो आपका सामना करते हुए मुझे शर्म आ रही थी। दलालों ने मुझे धमकी दी कि अगर मैंने उनके खिलाफ गवाही दी तो वे मुझे मार डालेंगे, लेकिन मैंने फिर भी गवाही दी। लोगों को पता चलना चाहिए कि वे कैसे राक्षस थे। संस्था ने पुनर्वास में मेरी मदद की। मुझे सिलाई-कढ़ाई का काम आता था। मैं सामुदायिक काम भी करती हूँ और लोगों को यह बताती रहती हूँ कि शीला तथा उसके जैसी लड़कियाँ कितनी खतरनाक होती हैं। उनके छलावे से बचना चाहिए, उन पर कतई भरोसा नहीं करना चाहिए।

आज मुझे इस बात की आजादी है कि मैं जो चाहे करूँ। अब मैं इज्जत के साथ पैसे कमा रही हूँ। मुझे आप फिर से मिल गईं, जिंदगी मेरी फिर से खिल गई···माँ!

—दीप्ति

डॉ. अलका बागड़ी

प्यारी मम्मी,

मेरे बचपन को सुंदर स्मृतियों से भरने के लिए धन्यवाद मम्मी! मेरी सबसे प्रिय स्मृतियों में एक वह है, जब हम लोग गर्मी की छुट्टियों में आपके साथ सुजानगढ़ गए थे। आपने मुझे भूतों की तरह कपड़े पहनाकर डरावना मास्क लगा दिया था और रात में हम लोग आपके पीछे-पीछे गाँव में घूमते और लोगों की खिड़कियों में जाकर डरा देते या किसी के घर का दरवाजा खटखटाकर भाग जाते, जिससे वे भयभीत हो जाते। जबकि चौकीदार चिल्लाता रहता था—'जागते रहो'। आप बहुत शरारती थीं, जबरदस्त किस्सागो और मेरे लिए कहानियों को जीवंत बना देती थीं। आप खूब पुस्तकें पढ़ती थीं। आप अकसर पी.जी. वुडहाउस या बिली बंटर की पुस्तकें पढ़कर कितना खुलकर हँसती थीं।

दूसरी ओर आप बड़ी सख्त और अनुशासनप्रिय भी थीं। आप चाहती थीं कि मैं क्लास में टॉप करूँ। आप बीच-बीच में अचानक मेरा टेस्ट लेती रहती थीं और जब मैं आपके सवालों के जवाब नहीं दे पाती तो आप सजा भी देती थीं। अन्य तरह के मामलों में भी आप बहुत सख्त थीं। मुझे मेकअप करने की, देर रात की पार्टियों में जाने की छूट नहीं थी, यहाँ तक कि बॉयफ्रेंड की अनुमति भी नहीं थी। इन तमाम बंदिशों के बावजूद मैं सबसे ज्यादा मौज-मस्ती आपके ही साथ करती थी। जब हम सफर कर रहे होते थे तो वर्ड गेम खेलते, शरारत करते, नाचते-गाते थे।

किशोर जीवन में आपने मुझे नैतिक शिक्षा दी थी और कहा था कि जिनको हम प्यार करते हैं, उनके लिए आगे बढ़कर जाना चाहिए। सिखाया था कि सत्य के लिए डटे रहना चाहिए, चाहे वह कितना ही मुश्किल काम क्यों न हो। आप मुझे गलतियाँ करने देती थीं और खुद भी गलती करती थीं ताकि आप हमें सिखा सकें कि उन गलतियों को स्वीकार कर लेना कितनी बड़ी बात होती है। आपने सिखाया था कि 'सॉरी' बोलकर नए सिरे से शुरुआत करनी चाहिए।

माँ, आपके बारे में सोचकर मुझे अचरज होता है कि आपमें कितनी जीवंत ऊर्जा, जीने की ललक, बूढ़े-जवान एवं अमीर-गरीब सबसे दोस्ती कर लेने की आपकी क्षमता! पुराने व नए, आध्यात्मिकता एवं खिलंदड़पन, देने और ग्रहण करने की निकटता की आपकी क्षमता को पाकर, आपके बारे में मेरी कहानियों की पुस्तक पूरी होती है।

खूब सारा प्यार,

Alka

(डॉ. अलका बागड़ी कला इतिहासकार हैं, जो सतत विद्यार्थी हैं और उर्दू एवं संस्कृत भाषा की अध्येता हैं तथा अरबी कैलीग्राफी व पेंटिंग का अभ्यास कर रही हैं। वे बागड़ी फाउंडेशन की ट्रस्टी के रूप में मेट्रोपॉलिटन म्यूजियम ऑफ मॉडर्न आर्ट तथा ब्रिटिश म्यूजियम जैसी संस्थाओं के साथ काम करती हैं। वे संस्कृतियों के बीच संवाद को बढ़ावा देती हैं और नवोन्मेषी कला, लंदन फिल्म फेस्टिवल में दक्षिण एशियाई सिनेमा तथा लिटरेचर फेस्टिवल्स को बढ़ावा देती हैं। वे शुरू से ही 'लिली अगेंस्ट ह्यूमन ट्रैफिकिंग' समिति की सदस्य रही हैं और लंदन में अपने पति श्री अपूर्व बागड़ी के साथ रहती हैं।)

सुरिंदर अरोड़ा

जन्म के तेरह साल तक मुझे मेरी माँ का साथ नहीं मिला। जन्म के दो सप्ताह के बाद ही मेरी मौसी ने मुझे गोद ले लिया था। आप कह सकते हैं कि मैं गलती से पैदा हो गया था, क्योंकि तीन भाई-बहनों के बाद मेरा जन्म हुआ था। मेरी मौसी को कोई बच्चा न होने के कारण उनके लिए मैं वरदान था। मुझे पाकर उनकी बच्चे की ख्वाहिश पूरी हो सकी।

मेरी जैविक माँ शीला बड़ी मेहनती थीं। वे अपने परिवार को बेहतर जीवन देने के लिए लंदन आ गईं। परिवार के सभी सदस्य एक अच्छा जीवन जी सकें, इसके लिए दिन में दो या तीन तरह के काम किया करती थीं। वे मेहनती और बहुत मजबूत दिल की थीं। तभी तो वे एक नए देश में खाली हाथ चली आई थीं, जहाँ न उनका कोई दोस्त था, न कोई रिश्तेदार। ऐसा करने के लिए बहुत अधिक साहस की जरूरत थी, जो उनमें था, वे निडर थीं और शिखर पर पहुँचना चाहती थीं।

वे एक प्रशिक्षित दाई थीं, लेकिन वे घर चलाने के लिए कोई भी काम कर लेती थीं। शाम को साफ-सफाई और खाना पकाने का काम भी किया करती थीं। वे कुछ पैसे बचाकर भारत अपने घर भी भेज देती थीं।

दूसरी तरफ, मेरी दूसरी माँ ने मुझे लाड़-प्यार में बिगाड़कर रख दिया था। वे बहुत दयालु और प्यार करने वाली थीं। लेकिन अधिक उम्र होने के कारण बच्चे का पालना उनके लिए मुश्किल था, इसलिए मैं स्वतंत्र और शरारती होता चला गया।

तेरह साल के बाद मेरी जैविक माँ चाहती थीं कि मैं लंदन आ जाऊँ। उनको लगा कि मैं पढ़-लिखकर अपने दत्तक माता-पिता की मदद कर पाऊँगा, लेकिन यह कभी हो नहीं पाया। फिर भी, मैं उनके साथ रहने लगा। वे मेरे साथ बहुत सख्ती भरा व्यवहार करती थीं। इतने साल भारत में मौज-मस्ती करने, स्कूल नहीं जाने के बाद जब उनके पास आया, जो कि मेरे लिए एक सदमे जैसा था। मुझे सच्चाई समझ में आ गई। वे बहुत सख्त मिजाज की महिला थीं। जब मैंने स्कूल में अपने दोस्त से यह कहा कि "मैं अपनी माँ से नफरत करता हूँ। वे बहुत ही गुस्सैल और सख्त स्वभाव की हैं।" तो मेरे दोस्त ने सहज भाव से जवाब दिया कि मैं खुशकिस्मत हूँ, क्योंकि मेरी माँ हैं। जब वह महज छह साल का था, तभी उसकी माँ का देहांत हो चुका था। यह सुनने के बाद मुझे एहसास हुआ और मैंने अपनी माँ से दोस्ती कर ली और उनको सबकुछ बता दिया। बदले में उन्होंने परिपक्व होने में मेरी मदद की।

उन्होंने मुझे सिखाया कि मैं पायलट बनने के अपने सपने को पूरा करूँ तथा रेफरी होने के और मैं जो-जो होना चाहता था, उन सबका आनंद उठाऊँ। जब मैंने पहली बार विमान उड़ाया तो उस फ्लाइट में एकमात्र वही मेरे साथ बैठी थीं, जिसमें मैंने कलाबाजी लेते हुए उड़ान भरी। यहाँ तक कि जब मैंने विमान का इंजन बंद कर दिया, तब भी वे डरीं नहीं, बल्कि गर्व के साथ बैठी रहीं।

वे मेरी बहुत मदद करती थीं और उन्होंने जीवन में ऊँचाई पर बढ़ने के लिए मुझे उत्साहित किया। लगभग बीस साल पहले गर्भाशय के कैंसर से उनका देहांत हो गया। उनके बिना मुझे अच्छा महसूस नहीं हो रहा था; लेकिन उन्होंने मुझे सही शिक्षा दी थी, और मैंने आगे बढ़ने में उस शिक्षा का उपयोग किया। मेरी कार्यशैली पर आज भी उनके प्रशिक्षण की छाप है।

मैं अपने दोस्तों से कहता हूँ, मेरी दो माताएँ थीं—एक, जिन्होंने मुझे जिंदगी दी, प्यार दिया; जबकि दूसरी ने मुझे जीना सिखाया।

—सुरिंदर

(सुरिंदर अरोड़ा एक व्यवसायी हैं, जो अपने व्यावसायिक कौशल तथा मजबूत कार्यशैली के कारण बहुत साधारण स्तर से ऊपर उठकर यू.के. के सबसे अमीर लोगों में एक बने। उनके होटल समूह में सोलह आलीशान होटल हैं। उनका कहना है कि वे अपनी टीम को परिवार की तरह देखते हैं तथा दीर्घ अवधि के व्यावसायिक संबंधों को महत्त्व देते हैं। वे अरोड़ा चैरिटी फाउंडेशन के सह-संस्थापक हैं। वे गोल्फ खेलते हैं। उनके तीन बच्चे हैं। वे अपनी पत्नी सुनीता के साथ रहते हैं।)

लॉर्ड नवनीत ढोलकिया

मेरे लिए यह काम असंभव है। मेरी माँ पढ़-लिख नहीं सकती थीं। उनके पासपोर्ट पर अँगूठे का निशान उनकी पहचान थी। वे अब मेरे साथ नहीं हैं। कुछ साल पहले ही उनका देहांत हो गया। मैं उनको किस तरह से ऐसी चिट्ठी लिखूँ, जिसमें उन्होंने जिस तरह से मेरी परवरिश की, उन भावनाओं को सही रूप में व्यक्त कर सकूँ! मेरी माँ ने मुझे निजी रूप से प्रेम और सहयोग के महत्त्व को समझाया।

वे अनपढ़ थीं, लेकिन फिर भी मेरे जीवन पर सबसे अधिक प्रभाव उन्हीं का रहा। वे मेरी शिक्षिका थीं। उन्होंने मुझे सिखाया कि किस तरह से जीना चाहिए। यह एक महत्त्वपूर्ण प्रक्रिया होती है, लेकिन इसके ऊपर उतना ध्यान नहीं दिया जाता है। मैं एक हिंदू परिवार में जन्मा, हिंदू के रूप में ही पला-बढ़ा और हिंदू के रूप में ही मरूँगा। हिंदू धर्म के अंतर्गत माँ ही अपने बच्चों को सबसे अधिक परंपरा का पाठ पढ़ाती हैं और मेरी माँ भी इसका अपवाद नहीं थीं। मेरे जीवन पर सारे प्रभाव उनके पड़े, जिनका आधार वही संस्कार थे, जो उन्होंने पहले ही मेरे अंदर भरे थे।

चूँकि वे खुद लिख-पढ़ नहीं सकती थीं, इसलिए बचपन में मुझे ही श्रीभगवद्गीता, महाभारत तथा रामायण से कहानियाँ पढ़कर सुनाने के लिए कहती थीं। उस समय मुझे ऐसा करते हुए बहुत खुशी का एहसास होता था—उसके विषय के कारण नहीं, बल्कि मुझे जो पॉकेट मनी मिलती थी, उसके कारण। मुझे जितने अधिक पन्ने पढ़ने के लिए कहे जाते थे, मुझे उतनी ही खुशी महसूस होती थी। मुझे बहुत बाद में यह बात समझ में आई कि वे कहानियाँ किस तरह से मेरे अंदर रच-बस गईं और मेरे जीवन का हिस्सा बन गईं। अपने राजनीतिक जीवन में मैं अकसर उनका सहारा लेता हूँ।

मेरे लिए हिंदू धर्म का सबसे बड़ा वरदान यह है कि यह हमें जीने का तरीका बताता है। इसने मुझे वह समुदाय दिया, जिसका मैं हिस्सा हूँ। एक ऐसा समुदाय जिसकी प्राचीन परंपरा है, जिसने विशेष तरह का सांस्कृतिक व आध्यात्मिक गुण सूत्र दिया। मुझे इस योग्य बनाया कि मैं स्वयं को इस लंबी परंपरा के हिस्से के रूप में महसूस कर सकूँ। मैं कोई शून्य में नहीं पला-बढ़ा। मैं जीवन से जो लेता हूँ और दूसरों को जो देता हूँ, उराके बीच संतुलन कैसे बनाया जाए, यह मैंने सीखा। अपने माता-पिता के उदाहरण से मैंने यह सीखा कि दूसरों का खूब ध्यान रखना चाहिए और जितना मैंने उनसे सीखा, उससे अधिक दूसरों को दिया भी। उन्होंने मेरे अंदर यह आत्मविश्वास भरा कि मुझे जो सही लगे, मैं उसे बेहिचक बोल सकूँ तथा उन महान मूल्यों को संरक्षित रख सकूँ, जो समस्त मानवता के विकास के लिए हैं।

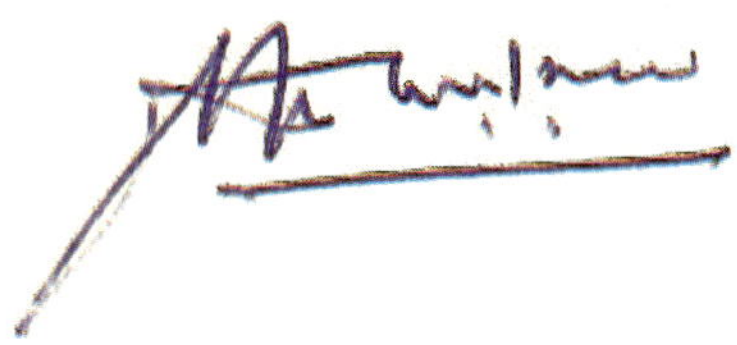

(लॉर्ड नवनीत ढोलकिया ब्रिटिश हाउस ऑफ लॉर्ड्स में लिबरल डेमोक्रेट्स के उपनेता हैं। उन्होंने द कमीशन फॉर रेशियल इक्वलिटी, नैक्रो की नस्लीय सलाहकार समिति के लिए काम किया तथा ससेक्स पुलिस अथॉरिटी, पुलिस कंप्लेंट्स अथॉरिटी एवं हॉवर्ड लीग फॉर पेनल रिफॉर्म से जुड़े रहे हैं। उनके जीवन के शुरुआती वर्ष तंजानिया व भारत में बीते। उनकी दो बेटियाँ हैं और वे अपनी पत्नी लेडी ऐन ढोलकिया के साथ रहते हैं।)

अनीता गोयल

प्यारी माँ,

मैं जैसे-जैसे बड़ी होती गई, आपकी प्रशंसक बनती चली गई। एक तरह से हम लोग साथ-साथ ही बड़े हुए, क्योंकि जब मेरा जन्म हुआ तब आप महज उन्नीस साल की ही थीं। जब आप डैड से विवाह करने के लिए पंजाब के गाँव से लंदन आईं तो आप बहुत उत्साहित थीं। लेकिन पूर्वी लंदन में उनके माता-पिता, चार बेटे, उनकी पत्नियों और बच्चों के साथ एक घर में रह पाना आसान नहीं था, विशेष रूप से इसलिए, क्योंकि आप बहुत कम उम्र की थीं। यह कोई आश्चर्य की बात नहीं थी कि जब मैं पैदा हुई तो आपको दस दिनों तक अस्पताल में रहना पड़ा, क्योंकि घर में शांति से आराम करने का मौका बहुत दुर्लभ था। मेरी छोटी बहन के पैदा होने के कुछ समय बाद ही आपने ड्राइविंग सीखी। आप हमेशा से बुद्धिमान तथा उत्साही स्वभाव की थीं और मेरे लिए एक आदर्श भी। आपके कार सीखने का फायदा यह हुआ कि अब आप भी सोने-चाँदी के पारिवारिक व्यवसाय में हाथ बँटाने लगीं और सोने को हॉलमार्क करवाने के लिए ले जाने लगीं। पंजाब के एक जौहरी की बेटी होने के नाते आप इस व्यवसाय की बारीकियों को भली-भाँति समझती थीं। अब मेरी अपनी बेटी सिमरन सामाजिक उद्यमी बनना चाहती है और आभूषण बनाने का काम सीखकर भारत में महिलाओं को आजीविका दिलाना चाहती है।

आपने एक और क्रांतिकारी काम यह किया कि आपने परदा प्रथा के खिलाफ विद्रोह कर दिया। परिवार के बड़े-बुजुर्गों के सामने तो आप परदा करती रहीं, परंतु जब मेहमान आते तो आप बिना परदे के उनके सामने जाने लगीं। शायद यही एक पहला मौका था, जब मेरी दोनों चाचियों ने आपका साथ दिया और ऐसा लगता था कि दादाजी ने भी इस बात को चुपचाप स्वीकार कर लिया था।

आप जिंदगी से इतना कुछ चाहती थीं कि जल्दी ही आप स्वतंत्र हो गईं। मेरे पापा अधिक नहीं कमा पा रहे थे, इसलिए आपने अपने तीनों बच्चों—एंजेला, बिमल और मेरी देखभाल करते हुए घर में ही आभूषण बनाना शुरू कर दिया। पापा ने हैटॉन गार्डेन में हीरे जड़ने का काम शुरू कर दिया और वे वहाँ से आपके लिए काम लेकर घर आते थे। मुझे याद है कि शाम के समय आप दोनों साथ-साथ मिलकर काम किया करते थे।

फॉरेस्ट गेट के इलाके में बचपन के दिनों में रहने में बहुत मजा आता था।

मुझे याद है कि हमारा बचपन बहुत खुशहाल था। हिंदू, ईसाई, पंजाबी, गुजराती, श्वेत, अश्वेत और भूरी नस्ल के हम सभी बच्चे गर्मियों में रात के करीब नौ बजे तक खेलते रहते, साइकिल चलाते और दीवार फाँदते। माहौल पूरी तरह सुरक्षित था।

जब मैंने सत्रह साल की उम्र में ड्राइविंग सीखी तो सोना लेकर लंदन में हॉलमार्क करवाने के लिए जाने की अब मेरी बारी थी। तब तक पापा ने इल्फोर्ड में आभूषणों की अपनी दुकान खोल ली थी और मैं दुकान से सोना लेकर हॉलमार्क करवाने के लिए ले जाती थी। आप कहती थीं, "अपने काम को हमेशा महत्त्व दो। घर में बैठी मत रहो।" आप चाहती थीं कि हम लोग यूनिवर्सिटी पढ़ने जाएँ और इस बात के लिए आपको आपके मित्र एवं संत पं. विष्णु नारायण ने बहुत उत्साहित किया, जो वेदांत के विद्वान् थे। वे हमारे घर के पास में ही रहते थे और उन्होंने आपको भी ज्योतिष-शास्त्र सिखाया।

जब मेरे वैवाहिक जीवन में समस्या आई, तब आपने ही आगे बढ़कर मुझे सहारा दिया। आपने मुझे स्वतंत्र बनना सिखाया तथा यह सिखाया कि इस बात की परवाह नहीं करनी चाहिए कि लोग क्या कह रहे हैं। और आपने यह भी सिखाया कि हमें कई तरह के काम आने चाहिए। आप कहती थीं, "अकसर अपने हुनर के विषय में हम अपरिचित होते हैं, हम खुद ही नहीं समझ पाते कि न जाने कब हमें अपने इन हुनरों का उपयोग करना पड़ जाए।" पुरानी तस्वीरों को देखकर मेरी बहुत सारी स्मृतियाँ जीवित हो जाती हैं। आपने हमें प्रेम एवं हँसी-खुशी से भरपूर बचपन दिया। आपने मुझे अपने ऊपर भरोसा करना सिखाया, ताकि मैं आगे बढ़ सकूँ और बेहतर बन सकूँ। इस बात के लिए मैं हमेशा आपकी आभारी रहती हूँ। आपके लिए मेरे भीतर गर्व का भाव है। आपकी दी सीख मुझे रोजाना प्रेरित करती है और आगे भी करती रहेगी।

खूब सारा प्यार,

—अनीता एक्स

(अनीता गोयल हेमराज गोयल फाउंडेशन की सी.ई.ओ. हैं। उन्होंने अपने पति अवनीश के साथ 'अल्टीमेट यू' की स्थापना की, जिसमें वे निजी विकास एवं सशक्तीकरण के लिए प्रशिक्षण देती हैं। वे सामाजिक कार्यों में बहुत दिलचस्पी लेती हैं और जिन मुद्दों का वे समर्थन देती हैं, उनके लिए दूर-दूर की यात्रा करती हैं। उन्होंने एक पुस्तक भी लिखी हैं—'वाइसेज ऑफ पंजाब', जिसमें पंद्रह ऐसी महिलाओं की कहानियाँ हैं, जो अब ब्रिटेन में रहती हैं। वे 'लिली अगेंस्ट ह्यूमन ट्रैफिकिंग' की समिति सदस्य हैं। वे अपने बच्चों और पति अवनीश के साथ रहती हैं।)

अमन नाथ

प्यारी माँ,

जब मेरे पिताजी एक गंभीर कार्रवाई पर अमेरिका के लिए रवाना हो रहे थे तो उन्होंने मुझे अपने कमरे में बुलाकर कहा, "अगर मैं इस यात्रा से लौटकर नहीं आया तो यह याद रखना कि तुम आज जो भी हो, वह अपनी माँ की वजह से हो।" आप वह गोंद थीं, जो पूरे परिवार को जोड़कर रखती थीं। आपने हमें हमेशा यह एहसास दिलाया कि हमें किसी चीज की कोई कमी नहीं है, जबकि हो सकता है कि आपके पास कुछ न रहा हो। जब डैडी विभाजन से पूर्व के दिनों में अपने ऋण को उतारकर एक उद्योग को नए सिरे से जमाने में लगे हुए थे, तब आपने उनकी पूरी सहायता की। आप दोनों का विवाह विभाजन से कुछ समय पहले लाहौर में हुआ था। आप हर साल अपनी गर्मियाँ शिमला में बिताती थीं। आप हमेशा इस बात पर जोर देती रहीं कि हम लोगों की शिक्षा बेहतरीन स्कूल में हो। आपने अपने बच्चों के लिए अनेक त्याग किए। जब हमारे लिए कार से स्कूल जा पाना संभव नहीं था, तब आप हमें ताँगे से भेजती रहीं, जिससे हमें साधनहीनता का नहीं, बल्कि बहुत विशिष्ट होने का एहसास होता था। आप नई-नई तरह की चीजें करने में बहुत माहिर थीं और हम भी सब इसलिए कर पाए, क्योंकि आपने हमारे अंदर आत्मविश्वास के बीज बोए थे। बाद में आपकी प्रेरणा से ही नीमराना जैम परियोजना की स्थापना की गई, जिसके लिए कुमाऊँ एवं रामगढ़ से फल मँगवाए जाते थे और इस तरह से स्थानीय लोगों को भी लाभ हुआ, उन्हें रोजगार प्राप्त हुआ।

1950 के दशक में यह बहुत अस्वाभाविक था कि भारत के हाइवे पर कोई महिला गाड़ी चलाए। लेकिन यही तो आपमें खास बात थी कि आप अलग हटकर काम किया करती थीं। यह तब की बात है, जब हम कश्मीर व शिमला की लंबी छुट्टियों पर गए थे और आपने काम के बोझ से दबे पापा को मजबूर किया कि वे आराम करें। हमारे बचपन के दौरान आपने हमारे भीतर किसी तरह की हीन ग्रंथि नहीं पनपने दी। आप भारतीय महिला गोल्फ टीम की कप्तान हो गईं, जो अंग्रेजी राज के जमाने में मेम साहबों का क्षेत्र हुआ करता था। आपके नेतृत्व में भारतीय महिला टीम श्रीलंका गई। मेरे खिलाड़ी पापा, जो बैडमिंटन के राष्ट्रीय चैंपियन थे, उसी दौरान गंभीर रूप से बीमार हुए, तब आप उनके पीछे चट्टान की तरह मजबूती से खड़ी रहीं।

हमारे पिता के निधन के बाद परिवार के कुछ सदस्यों द्वारा प्रतिकूल माहौल बनाने के बावजूद आपके आशीर्वाद और आपकी सकारात्मकता ने हमें सँभाले रखा। सालों बाद जब आपको अल्जाइमर रोग हो गया तो आपकी स्मृतियाँ भी जाती रहीं। अपनी इस बीमारी से पहले आप परिवार एवं दोस्तों के लिए अपने घर के दरवाजे हमेशा खुले रखती थीं और घर को आपने मेल-मिलाप का पूर्ण कुंभ बना रखा था।

आपने आद्या को पाला और उसे उत्तम संस्कार देकर मेरा कार्य आसान किया। आपकी मृत्यु के बाद श्मशान घाट में मुझे ऐसा लगा कि आपकी आत्मा चिनगारियों के साथ ऊपर जाकर मेरी मार्गदर्शक नक्षत्र बन गई है। मेरी असाधारण माँ, आप आज भी हमें प्रेरणा देती रहती हैं, क्योंकि आप हमारे लिए ऊर्जा का आधार-स्तंभ थीं। आपने मुझे ऐसी शिक्षा प्रदान की, जिससे कि मैं अपने जीवन का अधिक-से-अधिक रचनात्मक उपयोग कर सकूँ।

आपने मुझे यह भी सिखाया कि जो लोग हमारे साथ काम करते हैं और हमारे साथ रहते हैं, उनसे प्यार करने से भरपूर खुशी मिलती है।

बहुत प्यार के साथ

आपका,

(अमन नाथ होटल व्यवसायी हैं, जिन्होंने फ्रांसिस वाकजियार्ग के साथ मिलकर धरोहर संपत्तियों को बुटीक होटल बनाने का काम किया है। नीमराना होटल्स के पास 25 हेरिटेज होटल और महल हैं, जिनमें शामिल है बारादरी पैलेस, पटियाला। इस परियोजना की शुरुआत नीमराना किले से हुई, जब वे एक पुस्तक के लिए शेखावाटी की चित्रित हवेलियों के ऊपर शोध कर रहे थे। अमन नाथ ने कला व धरोहर को लेकर चित्रित पुस्तकों का प्रकाशन किया है; जैसे—गोवा, ब्रह्म पुष्कर, डोम ओवर इंडिया और जयपुर। उनकी एक बेटी है और वे दिल्ली में रहते हैं।)

अमीश त्रिपाठी

मेरी प्यारी माँ,

आपमें खास बात यह है कि आप हमेशा वही कहती हैं, जो मैं सुनना चाहता हूँ। अपनी व्यस्तता के कारण शायद मैं आपसे अधिक बातचीत नहीं कर पाया।

आपने अपने बचपन में डिप्थेरिया नामक बीमारी से पूरे साहस के साथ मुकाबला किया था। चूँकि इतनी कम उम्र में आपने मृत्यु का साक्षात्कार कर लिया था, अत: आपके अंदर अपने जीवन को सार्थक बनाने की इच्छा जागी। आपको अंग्रेजी स्कूल में न पढ़ पाने का अफसोस होता था। आपको लगता था कि इस कमी के कारण आपकी संभावनाएँ सीमित हो गई हैं। आप अपने बच्चों के भीतर सफलता पाने की ललक पैदा करना चाहती थीं। मुझे याद है कि आप हम भाई-बहनों के साथ जीवन के विषय में अनेक महत्त्वपूर्ण बातें किया करती रहती थीं। आपने हमारे ऊपर अपने भविष्य को लेकर कभी कोई दबाव नहीं डाला, जबकि उस जमाने में माता-पिता द्वारा अपने बच्चों पर भविष्य के लिए दबाव डालना बहुत आम बात हुआ करती थी। आप बस इतना चाहती थीं कि हम जो भी करें, अच्छी प्रकार से करें। हमारे पास इससे समझौता करने का कोई विकल्प नहीं था। मुझे खुशी है कि आपने इस बात को छिपाया नहीं कि आपने हम लोगों के लिए कितने त्याग किए थे! आपने हमें जागरूक बनाया। आप बिना कोई शब्द कहे भी सार्थक संवाद करने में निपुण थीं। आपकी दी शिक्षाएँ और आपके किए त्याग हमे आगे बढ़ाने में ईंधन का काम कर रहे हैं।

आपने दीदी का दाखिला अंग्रेजी माध्यम के स्कूल में करवाने के लिए बहुत लड़ाई लड़ी, जबकि घर के बड़े लड़की होने के कारण उन्हें पढ़ाना तक जरूरी नहीं समझ रहे थे। उनका कहना था कि आप बहुत महत्त्वाकांक्षी हैं। ठीक से अंग्रेजी न बोल पाने के कारण आपको स्कूल के गेट पर ही रोक दिया गया था। स्कूल के गार्ड ने आपको 'आया' समझा था। उस समय आपकी आँखों में आँसू आ गए थे। यह देख दीदी का दिल दुखा था। किंतु आपने दीदी का दाखिला अंग्रेजी स्कूल में करवा ही दिया। आपने हम सभी के लिए लड़ाइयाँ लड़ीं। आपने हमें अंग्रेजीराज के जमाने के अच्छे बोर्डिंग स्कूल में पढ़ाया। फिर आपने हमे बंबई के कैथेड्रल स्कूल में पढ़ने भेजा, जो कि उस समय के बेहतरीन शिक्षा संस्थानों में से एक था। आपने सुनिश्चित किया कि हम बच्चों को ऐसी शिक्षा मिले, जो डैड की कमाई और आपके सामाजिक दर्जे से बढ़कर हो। आपके इस संघर्ष ने हमारे स्तर को ऊँचा उठाया।

आपके द्वारा हम लोगों को लिखी चिट्ठियाँ दार्शनिकता से भरी हुई और विद्वत्तापूर्ण हुआ करती थीं। हालाँकि तब हग उनके अर्थ ठीक से नहीं समझ पाते थे, लेकिन माँ के स्नेह की ऊष्मा अवश्य महसूस करते थे। आपके लिखे वे शब्द हमारे अवचेतन मस्तिष्क में रह जाते थे। काश! मैंने उन चिट्ठियों को सँभालकर रखा होता। आप लगातार हमसे बातें किया करती थीं। मुझे आज भी अपने घर का अनुशासन याद है। हम बिना नखरा किए भोजन में जो भी परोसा जाता था, उसे खा लेते। आपके इस अनुशासन ने ही हमें जीवन के लिए तैयार किया।

जब हमने अपने कॉलेज में प्रवेश किया तो खुद में बड़ा परिवर्तन महसूस किया। तब आपके अनुशासन का सारा भय जैसे समाप्त हो गया। दिल के करीब तो आप हमेशा से ही थीं, किंतु तब आप एक अच्छी दोस्त बन गई थीं, जिस वजह से हम आपके साथ सहज महसूस किया करते। हम चार भाई-बहन थे। उस समय आपका यह बदलाव हमारे लिए बहुत आश्चर्यजनक रहा। और जब सालों बाद हमने आपसे इस बदलाव के बारे में पूछा तब आपने 'चाणक्य नीति' से यह उद्धरण सुनाया—जब बच्चा किशोर हो तो माता-पिता को उसे अनुशासित रखना चाहिए; उसके बाद दोस्त और मार्गदर्शक के रूप में साथ देना चाहिए। आपके इसी स्वभाव के कारण हम आपके साथ निस्संकोच बात कर लिया करते थे। किशोर जीवन छलिया व अस्थिर होता है और आप नहीं चाहती थीं कि आपके बच्चे आपको अँधेरे में रखें। हम अपने दिल की बात आपको सहज ही बता देते थे और आप भी हमारी उन बातों को अपने तक ही सीमित रखती थीं। आप बहुत सहज स्वभाव की और हस्तक्षेप न करने वाली एक अच्छी मित्र थीं। आपकी बातें सरल, किंतु गंभीर थीं। आपने हम लोगों को गढ़ा है, माँ! आप कहती थीं कि हम लोग आपको सबसे बड़ा उपहार यही दे सकते हैं कि हम सफल हों, खुश रहें तथा अच्छे से अपना जीवनयापन करें।

उम्मीद करता हूँ कि मैंने आपको गर्व महसूस करवाया, माँ!

हमेशा प्यार,

—अमीश

नोट : मैं उस बात को दोहरा रहा हूँ, जो दादा आपसे कहते थे—अपने जीवन पर एक पुस्तक लिखिए।

(अमीश त्रिपाठी भारतीय लेखक हैं, जिन्होंने शिव-त्रयी एवं रामचंद्र सीरीज लिखी हैं। इन छह पुस्तकों की 50 लाख से अधिक प्रतियाँ बिकी हैं। उनकी पहली पुस्तक को बीस प्रकाशकों ने प्रकाशित करने से मना कर दिया था और फिर उन्होंने स्वयं उसे प्रकाशित किया। उनकी मैनेजमेंट की शिक्षा तथा मार्केटिंग के कौशल ने पुस्तक के प्रचार हेतु रणनीति बनाने में उनकी मदद की। उन्होंने वित्त क्षेत्र में कार्य किया। कुछ समय तक नास्तिक रहने के उपरांत वे अपनी जड़ों की ओर लौटे। उनके दादा बनारस के पंडित थे। अमीश फिलहाल लंदन में भारत के सांस्कृतिक केंद्र नेहरू सेंटर के निदेशक पद पर हैं।)

बेगम नूर बानो

प्यारी अम्मी,

पीछे मुड़कर देखने पर मुझे इस बात की हैरानी होती है कि जब मैं आठ साल की थी तो आपने मुझे अपने पिता लोहारू के नवाब साहब का संदेश देने के लिए पाकिस्तान जाने की अनुमति दी थी। यह मेरे लिए बहुत रोमांचक था। सन् 1947 में भारत का बहुत भयावह विभाजन हुआ था। आप भारत छोड़कर नहीं जाना चाहती थीं। लोहारू पंजाब में एक मुस्लिम रजवाड़ा था, जहाँ बहुत भयानक हिंसा हो रही थी। बहावलपुर के नवाब आपके दोस्त थे और उन्होंने हम लोगों के लिए वहाँ जमीन की पेशकश की थी, जबकि बीकानेर के महाराज ने सुरक्षित सीमा पार करवाने के लिए अपनी निजी ट्रेन तथा सेना को भेजा था। लेकिन जब जयपुर के महाराजा मानसिंह ने डैडी से पूछा, "भाई जान, आप कहाँ जा रहे हैं?" तब हम लोगों ने जयपुर में ही रुकने का फैसला किया। लेकिन बहावलपुर में लोहारू राजा की प्रजा अपने पितातुल्य के लिए बेचैन हो रही थी। इसलिए आपने मुझे सन् 1948 में अपने चाचा के साथ वहाँ यह बताने के लिए भेजा कि हमारा परिवार नहीं जा रहा है। मुझे याद है कि अंतिम ग्यारह मील हम लोगों ने पैदल ही सफर किया था। औरतें मुझसे गले लगकर रो रही थीं। यह सब बहुत उदास करने वाला था।

जयपुर की महारानी गायत्री देवी ने आपसे कहा था, "मुझे यह जानकर खुशी हुई कि आपकी एक बेटी है। वह मेरे स्कूल में आ सकती है।" इस तरह, आपने मुझे शानदार एम.जी.डी. स्कूल में भेजा। हम इस बात से खुश थे कि चाची आएशा, जिन्हें कि हम इसी नाम से जानते थे, ने मेरे लालन-पालन के ऊपर निजी तौर पर ध्यान दिया और मुझे पश्चिमी समाज के तौर-तरीके सिखाए। उन्होंने इस बात को समझ लिया था कि आजादी के बाद भारत में बहुत तेजी से बदलाव हो रहे हैं और उन्होंने हम लोगों के लिए गाँवों की यात्राओं का आयोजन किया, जिससे कि हम अधिक साधारण जीवन को समझ सकें और यह जान सकें कि इस तरह के माहौल में भी महिलाएँ किस तरह से काम चलाती हैं। मुझे अब भी गाँवों में जाना अच्छा लगता है। बाद में जब मैं रामपुर से सांसद चुनी गई तो मेरे इसी रुझान ने राजनीतिक कार्यों में मेरी मदद की।

जब मैं सोलह साल की थी तो आपने मेरी शादी रामपुर के नवाब से कर दी, जो लोहारू से भी बड़ा रजवाड़ा था। मेरी विदाई के समय हम दोनों बहुत रोए थे। मिकी की शिक्षा-दीक्षा इंग्लैंड में हुई थी। उनके हँसी-मजाक का तौर-तरीका ब्रिटिश था। जयपुर के महाराज जोर दे रहे थे कि डैडी की मदद करने के लिए मेरी शादी कर दें। तब आपकी सदारत में महिलाओं का रंगारंग कार्यक्रम हुआ था। रामपुर में बहुत भव्य आयोजन हुआ था और मुझे यह भी याद है कि उस समय मुझे बहुत थकान हो रही थी। महाराजा ने दिल्ली के जिमखाना क्लब में रिसेप्शन दिया, जिसमें नई बहू के रूप में मेरा परिचय नेहरू, इंदिरा गांधी, मौलाना आजाद, गोविंद बल्लभ पंत, पटियाला के महाराज, ग्वालियर के महाराज, नाभा के महाराज तथा उनके अनेक नजदीकी दोस्तों से करवाया गया। आपने मुझे तौर-तरीके सिखाए थे, यह भी सिखाया था कि मुझे किसके साथ किस तरह का व्यवहार करना चाहिए, जिसका परिणाम यह हुआ कि मैंने उन लोगों के सामने आपको नीचा नहीं देखने दिया, जबकि मैं उस वक्त किशोरी ही तो थी।

मैं खुशकिस्मत थी कि मुझे अपने सास-ससुर में अपने दूसरे माता-पिता प्राप्त हुए। महाराजा रजा अली खाँ कला के बहुत बड़े संरक्षक थे और महल का जीवन बहुत प्रसन्नता से भरा हुआ था। उन्होंने प्रसिद्ध रजा पुस्तकालय बनवाया। जब उन्होंने डैडी को यह समझाया कि आपके पास जो 5,000 पांडुलिपियाँ थीं, उनको रामपुर ले जाना चाहिए तो वे इस बात के लिए राजी हो गए। आपने मुझे यह बताया था कि लोहारू के शासक समरकंद से आए थे और वे मुगल बादशाहों के अध्यापक रह चुके थे, इसलिए हमारी पांडुलिपियाँ अनमोल थीं। रामपुर रजा पुस्तकालय में लोहारू की जो भागीदारी है, उसपर मुझे गर्व है।

आपने कई साल पहले दुनिया को अलविदा कह दिया, लेकिन मैं आज भी आपको प्यार से याद करती हूँ।

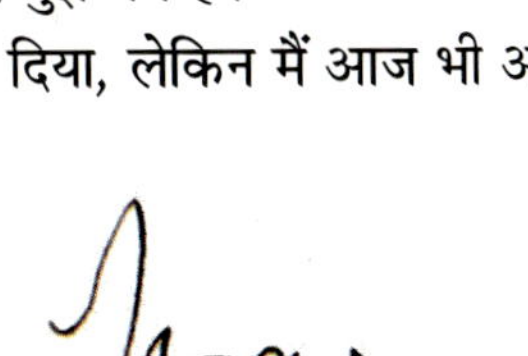

(बेगम नूर दो बार रामपुर से लोकसभा सदस्य बनीं। वे पूर्व लोहारू रजवाड़े की राजकुमारी और रामपुर के राजघराने की बेगम हैं। गीत-संगीत में उनकी गहरी रुचि है। वे नैना देवी फाउंडेशन एवं संगीत के रामपुर घराने की संरक्षिका भी हैं। उन्हें अरबी व फारसी की ऐतिहासिक किताबों में अत्यंत रुचि है। गुलाब उगाने में भी उनकी काफी रुचि है। उनके तीन बच्चे हैं और वे दिल्ली में रहती हैं।)

लेडी मोहिनी केंट नून

मेरी प्यारी माँ,

आपने हमें प्यार और ममता की अपनी स्नेह-छाँव में हँसी-खुशी के साथ पाला था। आपका स्वभाव बहुत अच्छा था, आप कभी गुस्सा नहीं होती थीं। जब मैं बच्ची थी, तब भी मुझे ऐसा लगता था कि मुझे सबकुछ आता है, लेकिन सच यह है कि मुझे कुछ भी पता नहीं होता था। तब आप बड़े प्यार से मुस्कराते हुए कहतीं, "तुम्हें क्या लगता है कि तुम फत्तेखान हो!" मैं इस बात के लिए आपकी शुक्रगुजार हूँ कि आप मेरी रुखाई और स्वार्थीपन को नजरअंदाज कर दिया करती थीं। आपने हम लोगों को खुशहाल घर दिया; केकू, रंजीत, मुझे और दूसरों को खुशी दी। आपका साथ पाकर हम अपने सारे दु:ख-दर्द को भूल जाते थे।

आप सुंदर थीं। आपके हाथ-पाँव खूब सुंदर थे, दु:ख एवं पीड़ा के अंतिम दौर में तो डॉक्टर ने भी कहा था, "इतने सुंदर हाथों ने जरूर सुंदर चीजों को रचा होगा।"

उन्हीं कोमल अँगुलियों से आपने ढेर सारी उर्दू कविताएँ लिखीं, अंग्रेजी व पंजाबी में पुस्तकें लिखीं और तीन भाषाओं में पचास से अधिक नाटक लिखे। जापानी इकेबाना के अनुसार फूलों की सजावट आकर्षक लगती थी। आप बड़ी ही आसानी से मजे-मजे में आशु कविताएँ रच लेती थीं और फिर उन्हें शास्त्रीय रागों में गाया करती थीं।

कपूरथला रियासत की कँवरानी मदनजीत सिंह बहुत मेहनती माँ थीं। उन्होंने आपको लाहौर के सबसे अच्छे अंग्रेजी स्कूल क्वींस मैरी स्कूल में पढ़ाया। आपके स्कूल में अंग्रेजी की हेडमिस्ट्रेस मिस कॉक्स थीं, जो कि महाराजाओं, नवाबों तथा जमींदारों की बेटियों को अंग्रेजी के ज्ञान के साथ-साथ रहन-सहन के तौर-तरीके भी सिखाती थीं। एक बार आपने उनसे पूछा था, "मिस कॉक्स, आपका हेन (मुरगा) कहाँ है?" स्कूल में पढ़ने वाली एक लड़की, जो राजगद्दी की उत्तराधिकारी थी, उसे जहर दे दिया गया, तब से बोर्डिंग स्कूल में खाना लाने की मनाही हो गई थी। इसके बाद भारत का विभाजन हुआ और आप स्कूल की अपनी मुस्लिम सहेलियों से सदा के लिए बिछड़ गईं, क्योंकि वे पाकिस्तान में ही छूट गईं। आपकी शिक्षा-दीक्षा ब्रिटिश अंग्रेजी में हुई और सन् 1942 में आपको ब्रिटेन की राजकुमारी एलिजाबेथ (बाद में महारानी) की तरफ से स्कूल में भेजा गया उनका एक निजी पत्र भी मिला था।

जब डैडी के साथ आपका विवाह तय हो गया तो उनकी बहन ने आपको देखकर पूछा, "क्या आप तैर सकती हैं?" और आपने तब बड़ी ही आसानी से तैराकी भी सीख ली। मुझे नहीं पता कि विवाह से इस बात का क्या संबंध था, लेकिन विडंबना यह हुई कि बाद में आपने उनको तैरना सिखाया। आपकी माँ ने विवाह का शानदार आयोजन किया और उसके बाद आप जालंधर से कलकत्ता आ गईं। डैडी के साथ आपकी जिंदगी बड़े मजे में कट रही थी—वे एक अच्छे दोस्त थे, क्लब में जाना-आना था और वे निरपवाद रूप से क्लब के सेक्रेटरी थे। आपके हाथों की छुअन ठंडी, मुलायम और कोमल होती थी। आपके हाथों में काँच की चूड़ियाँ खनखनाती रहती थीं। जिसकी आवाज अब भी मेरे कानों में बजती है। आपको काँच की रंगीन चूड़ियाँ बहुत पसंद थीं; हालाँकि आप दूसरे गहने भी खूब शौक से पहनती थीं। मुझे आपकी शिफॉन की साड़ियाँ बहुत पसंद थीं। शुरू में ब्रिटिश राज के प्रभाव में साड़ियाँ हल्के रंग की होती थीं, जब भारत का आत्मविश्वास कुछ बढ़ा तो वे रंगीन होने लगीं।

जब मैं तेरह साल की हुई तो आपने मुझे कई तरह के नृत्य सिखाए—वाल्ट्ज, फॉक्सट्रॉट एवं पोल्का आदि। फिर जब मैं बोर्डिंग स्कूल में पढ़ने के लिए गई, तब मैंने ये नृत्य दूसरी लड़कियों को सिखाए। एक बार की बात है कि आपने देखा, एक गरीब स्त्री हमारे घर के बाहर बारिश में भीग रही है। उसके शरीर पर सस्ती सूती साड़ी थी। आपने उसे घर के अंदर बुलाया, उसे अपनी दो साड़ियाँ दीं और जब बारिश रुक गई, तब उसे कुछ रोटियाँ देकर विदा किया।

अपनी माँ के साथ आपका आध्यात्मिक गर्भनाल कभी कटा ही नहीं। वे अनाथों, साधु-संतों एवं गरीबों की निरंतर सेवा करतीं, उन्हें भोजन, वस्त्र और पैसे दिया करतीं। सन् 1943 में वे अपने खर्च पर पच्चीस लोगों को छह महीनों तक ट्रेन से भारत के समस्त तीर्थों की यात्रा पर लेकर गईं। इस दौरान उनकी भेंट महर्षि रमण से भी हुई।

वे उनतीस साल की उम्र में ही विधवा हो गई थीं। अपने सम्मान के लिए उन्होंने अपने आप को सुरक्षित और व्यवस्थित करने के बजाय पहले अपने स्वर्गीय पति के जुए का कर्ज उतारने का निर्णय लिया। वह सैंडहर्स्ट के ग्रेजुएट थे, राजसी ठाट-बाट वाले इंसान थे और उन्हीं के कारण अगले पचास वर्षों तक वे किराए के घर में रहीं। उन्होंने और आपने मुझे दैवीय ज्ञान की डोर को थामे रखना सिखाया। सुबह तड़के आप बहुत मधुर स्वर में गुरबानी गुनगुनाती थीं, जो किसी मंदिर में बज रही घंटी की तरह आज भी हमें सुनाई पड़ती है।

गुरु नानक ने कहा था, "उससे राजा-महाराजा पैदा होते हैं। स्त्री से स्त्री पैदा होती है। स्त्री के बिना कोई भी नहीं होगा।" आप गुरुद्वारे में गाती थीं। आप स्टेज पर भी गाती थीं और रिकॉर्ड तैयार करती थीं, जिसमें 'जाप साहिब' का पाठ भी था, जिसे गाना बहुत मुश्किल होता है, उसे आप सात भाषाओं में गाया करती थीं। आपको बिस्तर पर लेटकर सुनना किसी जादू भरे एहसास के जैसा होता था। शायद मेरे मन में आपकी आवाज गहराई तक बसी हुई है, जो हमेशा मुझे स्वयंसेवी कार्यों को करने के लिए प्रेरित करती रहती है, फिर चाहे 'लिली अगेंस्ट ह्यूमन ट्रैफिकिंग' के माध्यम से मानव तस्करी के खिलाफ काम करना हो या पार्वती फाउंडेशन के साथ मिलकर शिक्षा व चिकित्सा के क्षेत्र में काम करना हो। माँ पहली गुरु होती है और बच्चे सोख्ता कागज की तरह। यही कारण था कि मैंने भी आपसे सबकुछ ग्रहण कर लिया। हमारे अंदर पढ़ने का जुनून था और आप मुझे कॉमिक्स तथा अच्छी साहित्यिक पुस्तकें खरीदकर दिया करती थीं। आपको पुस्तकें बहुत पसंद थीं। आपने यूरोपीय इतिहास एवं राजनीति में बी.ए. की डिग्री प्राप्त की थी। जब आपकी आँखों की पुतलियाँ खराब होने लगीं तो आप अधिक पढ़ नहीं पाती थीं।

मुझे याद नहीं है कि आपके साथ मैं कभी खरीददारी करने गई होऊँ। आपके शरीर में लालच वाली हड्डी थी ही नहीं। हालाँकि मुझे यह जरूर याद है कि हम साथ-साथ तैराकी करते थे, जीवन की विडंबनाओं पर हँसते थे और कई बार आप मेरे लिए कुछ खास पकवान बनाती थीं, जैसे बनाना-ब्रेड या दाल का हलवा। मुझे इस बात पर गर्व होता है कि मैंने आपके साथ नाटक में भाग लिया था—'रूमी : अनविल द सन', जो कि महान सूफी संत पर आधारित था और जिसका मंचन दिल्ली तथा लंदन दोनों जगहों पर हुआ था।

बाद के वर्षों में जब डैडी को भयंकर दौरा पड़ा था, तब आपके गीतों में उदासी आ गई थी। उनकी जान तो बच गई थी, लेकिन वे कभी पूरी तरह से ठीक नहीं हो सकें। आप दोनों बहुत खुशहाल युगल थे, लेकिन अब आप खोई-खोई रहने लगीं। काफ्का की कहानी 'मेटामॉर्फोसिस' हमारे जीवन में घटित होने लगी। दोस्त, अहबाब हमें छोड़ गए। लोग भूल गए। आपने न तो कभी शिकायत की और न ही कभी रोईं। मैंने भी आँसू नहीं बहाए। आप गरिमापूर्ण ढंग से ही रहती रहीं—तब भी, जब दौरे के कारण पापा गुस्से में रहने लगे थे। आपने मुझसे कहा था, "मैं किसी के प्रति रुखाई नहीं दिखाना चाहती।"

आपकी चार पुस्तकें प्रकाशित हुईं। फिर आपने कुछ और नाटक लिखे, जिनका मंचन भी लंदन में हुआ। किशोर वय में मैंने एक पेंटिंग बनाई थी, जिसका शीर्षक था—'मम्मी की मुस्कान'। लेकिन आपने तो धीरे-धीरे मुस्कराना ही छोड़ दिया। और फिर उसके बाद आपकी हँसी खामोश हो गई। आप न लिखती थीं और न कोई संगीत बजातीं। आप पीड़ा में थीं और आपके साथ मैं भी पीड़ा में थी। आपको जो कष्ट व पीड़ा मैंने दी, उसके लिए आप मुझे क्षमा कीजिएगा; क्योंकि मेरी पीढ़ी विद्रोही थी और मुझे रोमांच अत्यंत पसंद था। कृपया मुझे माफ कर दीजिएगा।

जब 15 मार्च, 2019 को आपका देहांत हुआ, तब जैसे इतिहास भी आप ही के साथ कहीं गुम हो गया; लेकिन उस दिन आपकी आत्मा मुक्त हो गई— ब्रह्मांडीय और आध्यात्मिक रूप से समाप्त जीवन का आनंद उठाने के लिए।

आपकी जगह कोई नहीं ले सकता, जबकि आप मेरे लिए पूरी दुनिया की जगह ले सकती हैं। सिख धर्म आपकी धरोहर थी, राजसी जीवन आपका अतीत था तथा आनंद और विनम्रता आपकी विरासत। आपने मुझे उत्कृष्ट उदाहरणों के साथ सिखाया—धैर्य, सच्चाई और सबको एक समान देखने की विनम्रता दी। मुझे इस बात का गर्व है कि आप मेरी माँ थीं।

आपका शुक्रिया और प्यार,

(मोहिनी केंट लेखक, फिल्मकार, पत्रकार तथा चैरिटी वर्कर हैं। उनकी पुस्तकों में उपन्यास 'ब्लैक ताज', 'नागार्जुन : द सेकंड बुद्धा' तथा एक पाक कला की पुस्तक है। उन्होंने फीचर फिल्म 'रामायण' लिखी और निर्देशित की, 'करी टिन' में बेन किंग्सले के साथ काम किया तथा टी.वी. विज्ञापन बनाए। उनके नाटकों में शामिल हैं—'रूमी : अनविल द सन', जो उन्होंने अपनी माँ के साथ लिखा था। उन्होंने अनेक पत्रिकाओं तथा बी.बी.सी. रेडियो के साथ पत्रकारिता की। वे स्त्री विमर्श, खान-पान, बच्चे तथा चैरिटी जैसे विषयों पर व्याख्यान देती हैं। वे आध्यात्मिक शिक्षाओं तथा स्त्री से जुड़े मुद्दों को बढ़ावा देती हैं। वे 'लिली अगेंस्ट ह्यूमन ट्रैफिकिंग' की संस्थापक अध्यक्ष हैं और लंदन में रहती हैं।)

वासंती दीदी

जब मैं पैदा हुई, तब आप महज अठारह साल की थीं और संयुक्त परिवार में रहतीं थीं। संयुक्त परिवार में रहना आसान नहीं था। पश्चिम के देशों में संयुक्त परिवार होता ही नहीं है, इसलिए लोगों को उतना नहीं सहना पड़ता है, जितना भारत के लोगों को सहना पड़ता है। आपके गुणों और आपकी सुंदरता को मैं कितना पसंद करती थी! आप अंग्रेजी बहुत अच्छी बोलती थीं और गणित में आपका कोई जोड़ नहीं था। आप मेरे मानसिक व आध्यात्मिक विकास के ऊपर बहुत ध्यान देती थीं। मुझे आपकी सुंदर, मधुर व सधी हुई आवाज में गाए भजन आज भी याद हैं और आपकी भक्ति-भावना से लोगों की आँखों में आँसू आ जाते थे।

आप मेरी पहली गुरु थीं। आप स्वयं पहले से आध्यात्मिक जीवन जी रही थीं और आपने मुझे भी भक्ति एवं श्रद्धा के मूल सिद्धांत सिखाए। मैं आपकी पहली संतान थी। आपको मैं अपने मन की हर बात बता देती थी। तीन साल की उम्र में जब मैं कृष्ण को अपना सखा मानने लगी थी, तब आपने ही मुझे इसके लिए समझाया था। हम लोग आध्यात्मिक संगी थे। जब मैं सत्रह साल की थी, तब अरबिंदो आश्रम जाने के लिए घर से निकली थी और तब आपने मुझसे कहा था, "मैं चाहती हूँ कि तुम खुद को आजाद महसूस करो।" जबकि मुझे घर से जाता देख आपको बहुत तकलीफ हो रही थी। बाद में आपने अनेक त्रासदियों का सामना किया, परंतु तब मैं वहाँ आपके पास नहीं थी।

मुझे इस बात की खुशी है कि जीवन के अंतिम आठ वर्षों के दौरान आप भी आश्रम में मेरे साथ रहने लगीं। निश्चित ही तब आपको भी कुछ सुकून महसूस हुआ होगा। आपकी माँ आपके प्रति बहुत अच्छी थीं और वे आपकी माँ होने के साथ-साथ आपकी गुरु भी थीं। अंत में, आप बहुत शांतिपूर्ण तरीके से जीवन से विदा हुईं, कोमा में चली गईं और तीन दिन के बाद जब आपका देहांत हुआ तो आपके होंठों पर मुस्कराहट सजी हुई थी। मुझे निश्चित रूप से यह लगता है कि आपकी गुरु स्वयं आपको लेने के लिए आई थीं—आपकी पहली गुरु··· आपकी माँ!

मैं इस बात को भली-भाँति जानती हूँ कि मृत्यु का अर्थ अंत नहीं होता, तब भी मैं बहुत उदास हो उठी थी। मुझे किसी तरह का दु:ख नहीं था; लेकिन फिर भी उदासी छा गई थी, क्योंकि मुझे आपसे बेहद प्यार था -बचपन की स्मृतियों के कारण भी तथा इस अफसोस के कारण भी कि मैं आपको पीड़ा से मुक्ति नहीं दिला पाई। आपको आग से इतना डर लगता था कि आप टी.वी. पर भी किसी को जलाए जाते हुए देखती थीं तो टी.वी. बंद कर देती थीं। अपने शरीर के जलने को आप किस तरह से सहन कर सकी होंगी? मैंने इसके लिए बहुत प्रार्थना की कि इस सबके बीच आपकी रक्षा हो सके। मैंने जोर देकर कहा कि आपकी लाश के साथ मैं भी श्मशान घाट जाऊँगी, जबकि परंपरागत रूप से इसमें केवल पुरुष जाते हैं और स्त्रियाँ घर में रहती हैं। मैंने अपने भाई के साथ चंदन की चिता को अग्नि भी दी और फिर पीछे कुछ दूर हटकर देखने लगी थी।

इसके बाद अचानक मैंने देखा कि आप मेरे पास खड़ी थीं, मेरे दाएँ कंधे के पीछे। मैंने आपके सूक्ष्म शरीर को देखा, जो आपके भौतिक शरीर से अधिक युवा और स्वस्थ दिखाई दे रहा था। आप शांति से खड़ी होकर अपने भौतिक शरीर को जलते हुए देख रही थीं। मैं तो आपकी पलकों का झपकना भी महसूस कर रही थी। आपको वहाँ देखकर मुझे बहुत राहत महसूस हुई और यह जानकर कि आप सांसारिक बंधनों से मुक्त हो चुकी हैं, मुझे बहुत सुकून मिला।

ढेर सारा प्यार,

Vasanti

(वासंती दीदी रावसन 1947 में पांडिचेरी के श्री अरविंद आश्रम में सत्रह साल की उम्र में रहने के लिए चली गई थीं। वे अनेक यूरोपीयन एवं भारतीय भाषाओं में दक्ष हैं, खूब यात्रा करती हैं और बहुत अच्छा गाती हैं। वे साधना में जीवन बिताती हैं तथा कुछ लोगों का आध्यात्मिक मार्गदर्शन भी करती हैं। वे अपनी माँ की बहुत करीबी थीं—उनकी गुरु और श्री अरविंद की आध्यात्मिक संगिनी, योगी तथा गुरु, जिन्होंने प्रकृति में नए आध्यात्मिक विकास की दृष्टि दी। उन्होंने लिखा था—'अतीत के सवेरों की बात मत करो, बल्कि भविष्य की दोपहरों की सोचो।')

भास्कर पटेल

सबसे प्यारी बा,

मेरी सबसे अच्छी स्मृतियों में जो समाई है, वह गुजरात के हमारे गाँव में दूध दुहने की है। हम लोग गरीब थे और पाँच-पाँच बच्चों को पालने में आपको बहुत संघर्ष करना पड़ता था, ऐसे में स्कूल ड्रेस खरीदने की बात तो रहने ही दीजिए। पिताजी बहुत दूर युगांडा में रहते थे, जहाँ वे बागवानी का काम करते थे। हर महीने जो मनीऑर्डर वे भेजते थे, वह आता नहीं था, इसलिए आपने हम लोगों को आत्मनिर्भर होना सिखाया। रात के खाने में बाजरे की रोटी एवं पानीदार कढ़ी खाने को मिलती थी और हम सभी लोग फर्श पर ही सोते थे। मैं करीब दस साल का था। आपने मुझसे कहा था, "अगर तुम भैंस के लिए हरी घास नहीं लेकर आओगे तो हमें वह नहीं मिल पाएगा, जो हमें उससे चाहिए।" इसलिए मैं सुबह-सवेरे दराँती लेकर घास काटने के लिए चला जाता था। जो दूध बाकी बचता था, हम उसे बेच देते थे। फिर कुछ ही दिनों बाद हम लोगों ने दूसरी भैंस खरीद ली। हमारे घर के पास में एक पुजारी रहते थे, जो कि दयालु स्वभाव के थे। उन्होंने आपको जूठे बरतन और कपड़े धोने का काम दे दिया। आप उन्हें गाँव के तालाब में ले जाकर धोती थीं।

हमारे घर में न तो बिजली थी और न ही पानी आता था। हालाँकि छोटे-मोटे काम करना सामाजिक रूप से शर्म की बात समझी जाती है, लेकिन आप इस बारे में अधिक नहीं सोचती थीं। उसी गाँव में हमारे कुछ समृद्ध रिश्तेदार रहते थे, लेकिन उनकी ओर से हमें किसी तरह की मदद नहीं मिलती थी। फिर भी आपने मुझे सबके प्रति सहिष्णु होना सिखाया। आप हमेशा कड़वाहट या नकारात्मकता से बचने के लिए कहतीं, "किसी को कोई भी जरूरत हो तो उसकी मदद करने में कोई नुकसान नहीं होता।" आप मजबूत थीं और हर मुश्किल में डटकर खड़ी रहती थीं।

अजीब बात है कि किस तरह से हमारे परिवार का इतिहास ब्रिटिश साम्राज्य के चक्र के साथ घुला-मिला हुआ था। सन् 1962 में जब युगांडा को आजादी मिली तब पिताजी ने आपको तथा मेरी चार बहनों के साथ मुझे हमारे पैतृक गाँव रास भेज दिया। वह उस रास्ते में था, जहाँ सन् 1930 में महात्मा गांधी ने नमक सत्याग्रह का नेतृत्व किया था और वे वहाँ पीपल के एक पेड़ के नीचे भाषण देने के लिए रुके थे। सन् 1972 में तानाशाह ईदी अमीन द्वारा भारतीयों को युगांडा से निकाले जाने से पहले ही 1971 में पिताजी युगांडा छोड़कर आ गए। 10 साल बाद परिवार फिर से एक हुआ। लंदन में पिताजी बीमार हो गए और फिर कभी काम नहीं कर पाए, लेकिन उन्होंने अल्डगेट में मिस्टर सिंह की कपड़ा फैक्टरी में आप तथा आपकी दो बहनों के लिए नौकरी का इंतजाम कर दिया। आपको पहली बार पतलून पहननी पड़ी। एक बार फिर आप घर का खर्चा चलाने लगीं; लेकिन आपने हर परिस्थिति को प्रसन्न भाव से स्वीकार किया और आप क्लिफ रिचर्ड का गीत गुनगुनाती रहती थीं, जो आपने काम करने के दौरान रेडियो पर सुना था। आपको क्लिफ इसलिए पसंद था, क्योंकि उसका जन्म भारत में हुआ था।

गाँव में मुझे फिल्में देखना अच्छा लगता था। हम मैदान में बैठकर फिल्में देखा करते थे। फिल्म को गाँव के अंतिम मकान की दीवार पर प्रोजेक्टर लगाकर दिखाया जाता था। लंदन में मैंने अभिनेता बनने का फैसला लिया—अपने आप को एक तरह से चुनौती देने के लिए। मुझे अच्छी अंग्रेजी बोलनी नहीं आती थी और मैं शर्मीला भी था, इसलिए अभिनय ने मुझे एक तरह से कुछ नया सीखने का अवसर दिया। इस बात का क्या तात्पर्य था, आप इसको समझ नहीं पाईं। जब मैंने अंग्रेज लड़की जूली से विवाह करके उसे अपनी पत्नी बनाया, तब आपने रूढ़िवादी पटेल समाज से ऊपर उठकर सोचा और आगे बढ़कर हमें अपनाया। एक बार फिर आपने बिना कुछ कहे इसको स्वीकार कर लिया।

—भास्कर

(भास्कर पटेल ब्रिटिश अभिनेता हैं, जो फिल्म, टी.वी. और स्टेज पर अभिनय करते हैं। सन् 2011 में उन्होंने ब्रिटिश टी.वी. सीरियल 'एमरडेल' से अभिनय की शुरुआत की थी। उन्होंने 'ए बिजनेस अफेयर', 'थंडरबर्ड्स', 'इंडियाना जोन्स एंड द टेंपल ऑफ डूम' जैसी फिल्मों में काम किया। लंदन तथा अन्य शहरों में उन्होंने असंख्य नाटकों में अभिनय किया। उनका जन्म युगांडा में हुआ था। फिर वहाँ ईदी अमीन के शासनकाल की उथल-पुथल के दौरान उनका परिवार ब्रिटेन आ गया। वे यू.के. में अपनी दो बेटियों तथा पत्नी जूली के साथ रहते हैं।)

शिक्षा, शिक्षा, शिक्षा—यही तो उज्ज्वल भविष्य की कुंजी है। अशिक्षित माता-पिता अपने बच्चों को बेहतर जीवन नहीं दे पाते, साथ-ही-साथ उन्हें भविष्य में मिलनेवाले अवसरों का लाभ उठाने में सक्षम नहीं बना पाते। राजस्थान और उत्तर प्रदेश के कुछ भागों के कुछ समुदायों के लिए अपनी बेटियों को बेचना उनके जीवनयापन का साधन है। 'लिली' उन संगठनों के साथ मिलकर काम करती है, जो स्थानीय बच्चों को शिक्षा प्रदान करते हैं और इस तरह से उनमें नई आशाओं का संचार कर उनके आस-पास के भयानक कुचक्र को तोड़ने का काम करते हैं। 'लिली' भविष्य के उन नागरिकों के व्यक्तित्व निर्माण के लिए मुफ्त शिक्षा का समर्थन करती है, जो कि समाज के निर्माणकारक सदस्य बन महत्त्वपूर्ण स्थान हासिल करने वाले हैं।

हबीबा : एक पीड़िता की कहानी

अम्मी,

मैं उन दुर्भाग्यशाली लड़कियों में से एक हूँ, जिसको कभी किसी का प्यार नहीं मिला। आप भी मुझे पाकर खुश नहीं थीं, क्योंकि आपको एक लड़के की बेहद चाह थी। मैं आपकी तीसरी लड़की थी। हम लोग इतने गरीब थे कि हमारे पास खाने के लिए भी कुछ नहीं रहता था, यहाँ तक कि ईद जैसा त्योहार भी सूना-सूना ही बीत जाता था। मैं बनारस में थी, लेकिन कभी स्कूल नहीं जा पाई। मुझे कभी आपका प्यार नहीं मिला और मुझे हमेशा इस बात का अफसोस रहा। जब मैं मात्र तेरह साल की थी, तब आपने मेरी शादी चालीस साल के एक अधेड़ से कर दी, जिसने मेरे जीवन को और भी ज्यादा नरक बना दिया था। वह बड़ा क्रूर और वहशी था, जो मेरे साथ बलात्कार किया करता था और जानवरों जैसा सलूक करता था। एक साल के बाद ही उसकी मौत हो गई और उसके परिवारवालों ने मुझे अपशकुनी कहकर घर से बाहर निकाल दिया। मेरे पास आपके यहाँ आने के अलावा कोई दूसरा रास्ता नहीं था, क्योंकि मेरे पेट में बच्चा था। आप नहीं चाहती थीं कि मैं वापस आपके पास आऊँ; लेकिन मेरी स्थिति को देखकर कुछ दिनों के लिए आपने मुझे अपने घर में रहने दिया। मैं अपने जीवन से बहुत निराश थी और सोचती थी कि मैं पैदा ही क्यों हुई?

जब अनवर का जन्म हुआ, तब मुझे इतनी खुशी हुई जितनी कि पहले कभी नहीं हुई थी। उसे देखते ही जैसे स्नेह का झरना बहने लगा। जिंदगी में पहली बार किसी खुशी ने दस्तक दी थी। प्यार का एहसास पैदा हुआ था। उसके जन्म के बाद जब मैं थोड़ी स्वस्थ हुई, तब मैं अपने बच्चे को लेकर आपके घर से चली गई और आपने मुझे जाने से रोका भी नहीं। कुछ समझ नहीं आ रहा था कि आगे क्या करना है। मैं बनारस के रेलवे स्टेशन पहुँची और आगे के जीवन के बारे में सोचने लगी। तभी वहाँ रीना नाम की एक महिला से मेरी मुलाकात हुई। वह मुझसे बहुत सहानुभूति जता रही थी। जब मैंने उसे अपनी दु:ख-भरी कहानी सुनाई तो उसने मुझसे वादा किया कि वह मुझे दिल्ली ले जाकर घरों में कामवाली के रूप में नौकरी दिलवा देगी। मैंने उस पर विश्वास किया और उसके साथ ट्रेन में बैठकर दिल्ली चल दी। पर सच्चाई कुछ और ही थी। वह औरत एक अपराधी थी, जिसने मुझे वेश्यालय में बेच दिया। वहाँ के मालिकों ने मेरे बच्चे अनवर को मुझसे छीन लिया। वे बड़ी निर्दयता से मेरी पिटाई करते और मुझे खाने को भी नहीं देते थे, क्योंकि मैंने उनको काम करने से मना कर दिया था।

मेरे पास खुद को भाग्य के भरोसे छोड़ देने के अलावा कोई और रास्ता नहीं बचा था। मैं समझ गई थी कि मैं दिल्ली के रेडलाइट एरिया जी.बी. रोड में हूँ। वे मुझे पीने के लिए शराब देते और मैं शराब इसलिए पी लेती, ताकि पुलिस के सिपाहियों एवं ट्रक ड्राइवरों द्वारा की जाने वाली हैवानियत को सहन कर सकूँ।

फिर उन्होंने मुझे सिगरेट दी और इस तरह से बाद में मैं ड्रग्स भी लेने लगी। जब मेरे पास जीने के लिए कोई आधार नहीं बचा, तब मैंने अपने जीवन को समाप्त करने की कोशिश की और एक दिन अपनी कलाई काट ली, लेकिन मौत ने भी मेरा साथ नहीं दिया और मैं बच गई। पर अल्लाह ने मुझे माफ कर दिया था।

एक दिन वहाँ खूब हलचल मची हुई थी। मुझसे कहा गया कि मैं छिप जाऊँ। मैंने देखा कि वहाँ मौजूद कुछ अजनबियों के साथ जमकर मार-पिटाई चल रही है। मुझे भी अलमारी से खींचकर निकाल लिया गया। मैं डर गई, क्योंकि मुझे यह बताया गया कि वेश्यावृत्ति करवाने के लिए वे लोग मेरा अपहरण कर लेंगे, किंतु वह सब झूठ था। मुझे कुछ दयालु लोगों ने बचा लिया था और वे मुझे दिल्ली में 'लिली चैरिटी' की मदद से चलने वाले एक सुरक्षित घर में ले गए। उन लोगों ने मुझे वहाँ पूरी सुरक्षा में रखा, मुझे भोजन दिया, कपड़े दिए, सोने के लिए बिस्तर दिया, लेकिन अब भी मुझे उनसे बात करने में डर महसूस होता था। वह अपराधी औरत रीना, जिसने मुझे धोखा देकर बेचा था, वह मुझे यह संदेश भेजती रहती थी कि अगर मैंने कुछ भी बोला तो वह अनवर को मार देगी। लेकिन आखिरकार, मैंने मुँह खोल दिया। अपनी बात कहकर मुझे बड़ी राहत महसूस हुई। इसके बाद मैं खुद को आजाद और काफी हल्का महसूस कर रही थी। लेकिन तब अनवर का कहीं पता नहीं था कि वह कहाँ है? चैरिटीवालों ने अनवर की तलाश के लिए बड़ी मेहनत की। उसे एक संतानहीन दंपती को बेच दिया गया था, जिन्होंने उसे वापस लौटाने से मना कर दिया। मैं क्या कर सकती थी? मेरा दिल टूट गया। मेरे जीवन का एकमात्र सहारा मुझसे दूर चला गया। मैं रोती रहती। कई रातों तक ठीक से सो नहीं पाई। लेकिन अंत में, मैंने उसको वहीं रहने देने का फैसला किया, क्योंकि वे दंपती उससे बहुत प्यार करते थे और उसका सही पालन-पोषण कर रहे थे, जो कि मेरे लिए कर पाना संभव नहीं था। मैं उसी सुरक्षित घर में रहने लगी।

मैंने अपने बेटे को उस तरह से प्यार किया, जिस तरह से आपने मुझे कभी नहीं किया। काश! आपने भी किया होता, मैं अनवर से बेहद प्यार करती हूँ और चाहती हूँ कि मेरे बच्चे का भविष्य उज्ज्वल हो।

—हबीबा

जया : एक पीड़िता की कहानी

अम्मा,

अब मैं पंद्रह साल की हो गई हूँ और उन बातों को बखूबी समझ पाती हूँ, जिन बातों को समझने में मैं पहले असमर्थ थी। आप रात में हम लोगों को छोड़कर क्यों चली जाती थीं? आप कहाँ जाती थीं? मैं और मेरे दो भाई, हम फुटपाथ पर ही सोते। मुंबई को सपनों की नगरी कहा जाता है। लेकिन हमारे पास कोई सपना ही नहीं था। हमारे पास फुटपाथ था, पर वहाँ इतनी भीड़ रहती थी कि हमें अपनी जगह के लिए संघर्ष करना पड़ता था। जब मैं बच्ची थी, तब चैरिटी को हम लोग फॉकनर रोड पर मिले और वे हमें अपने आश्रय-स्थल पर ले आए। उन्होंने आपसे जोर देकर यह कहा कि मेरा इस तरह सड़क पर अकेले रहना सुरक्षित नहीं है, और आपको मानना ही पड़ा। यहाँ अपने परिवार के बिना अकेले रहने से मुझे नफरत होती थी। ये लोग मुझे रोज नहलाते और कपड़े बदलवाते। जबकि फुटपाथ पर मैं आजाद थी। वहाँ रोज कपड़े बदलने की कोई जरूरत नहीं होती थी। हम लोग कभी-कभी ही किसी नल के नीचे नहाया करते थे। मैं यहाँ के सामाजिक कार्यकर्ताओं को गालियाँ बकती और उनकी पिटाई भी करती; लेकिन इस बात से इन्हें कोई फर्क नहीं पड़ता था।

आप मुझे यहाँ छोड़कर गायब हो गईं। ये लोग मुझसे साफ-सफाई को लेकर तरह-तरह की बातें बताया करते थे। जबकि मुझे साफ-सफाई आदि की बातों से नफरत थी। इन लोगों ने मुझे स्कूल भी भेजा। मुझे पढ़ना-स्कूल जाना बिल्कुल भी अच्छा नहीं लगता था। मुझे यहाँ आपकी बहुत याद आती थी। दूसरे बच्चों की माताएँ उनसे मिलने आया करती थीं, लेकिन आप कभी नहीं आईं।

धीरे-धीरे मुझे सबकुछ समझ आने लगा। यह सब आपके लिए कितना मुश्किल रहा होगा! आप सोलापुर से आई थीं, क्योंकि आप बहुत गरीब थीं, आपने मेरे पिता से शादी की। वे एक शराबी थे और हम तीनों के जन्म के बाद वे घर छोड़कर चले गए। आप एक मजदूर की तरह मकान बनाने के काम में जुट गईं, आपने लकड़ियाँ बेचीं, सड़क पर तारकोल बिछाने का काम भी किया; लेकिन फिर भी कमाई पूरी नहीं पड़ती थी। मुझे अब यह बात समझ में आ गई है कि आप वेश्या क्यों बन गई थीं। अब मुझे बहुत सी बातें पता चल गई हैं, जैसे कि आप रात में ग्राहकों को लेकर सार्वजनिक शौचालयों में जाती थीं, क्योंकि हम लोगों के पास कोई कमरा तो था नहीं। हम फुटपाथ पर अकेले रहते थे, लेकिन तब भी मैं अपने भाइयों के साथ खुश थी। मुझे याद है कि आप अकसर बीमार पड़ जाती थीं। आप बहुत दुबली-पतली थीं; लेकिन आपको क्या बीमारी थी, यह मैं कभी समझ नहीं पाती थी।

समय गुजरता गया। मैंने भी स्वीकार कर लिया कि 'लिली' की मदद से चलने वाला यह आश्रय-स्थल ही अब मेरा घर है। मैं स्कूल भी जाने लगी और मुझे वहाँ अच्छा लगने लगा। धीरे-धीरे दूसरी लड़कियों से मेरी दोस्ती होने लगी। हम लोगों ने कई चीजें एक साथ सीखीं, जैसे गाना आदि। हम लोग एक साथ समर कैंप पर जाते थे। मुझे स्कूल में अच्छे अंक मिलने लगे। अब मैं नहाना कभी नहीं भूलती थी और गंदे तथा दुर्गंध मारने वाले कपड़े पहनना मुझे अब कतई अच्छा नहीं लगता था।

मेरा सबसे बड़ा दु:ख यह है कि आप कभी मुझसे मिलने के लिए नहीं आती थीं। क्या आपने मुझे पूरी तरह से भुला दिया था? जिन लड़कियों की माताएँ उनसे मिलने आती थीं, मुझे उन लड़कियों से बहुत ईर्ष्या होती थी। जबकि उनमें से अनेक माताएँ वही काम करती थीं, जो आप करती थीं।

मेरी जिंदगी में सबसे खुशी का दिन वह था, जब आप मुझसे मिलने के लिए आई थीं। उस दिन सामाजिक कार्यकर्ता आंटियों ने कहा कि मैं दिन भर आपके साथ रहूँ, किंतु रात में आश्रय-स्थल में लौटकर आ जाऊँ और आपने हामी भर दी!

—जया

महारानी रुक्मणी देवी

प्यारी माँ,

सन् 1931 में जब आप रेगिस्तानी इलाके के जैसलमेर राजघराने के युवराज गिरधर सिंहजी की छोटी पत्नी बनीं, उस समय आपकी उम्र केवल तेरह साल थी। मैं इस बात से खुश हूँ कि आपने यह सुनिश्चित किया कि मेरी पढ़ाई-लिखाई अच्छे से हो। आपने खुद परदे में रहने के बावजूद स्त्रियों से जुड़े मुद्दों पर काफी कुछ किया। वैसे तो आपका यह विवाह एक राजनीतिक गठबंधन था, क्योंकि जैसलमेर के महाराज को उमरकोट, सिंध (अब पाकिस्तान में) से मदद की दरकार थी। लेकिन आप फिर भी खुश थीं। उमरकोट मुगल बादशाह अकबर की जन्मभूमि है। सन् 1947 में जब भारत का खून से भरा दर्दनाक विभाजन हुआ तो सीमावर्ती रजवाड़ा होने के कारण जिन्ना ने जैसलमेर राज्य के साथ-साथ बीकानेर और जोधपुर के राजघरानों को पाकिस्तान में शामिल करने के लिए तरह-तरह के प्रलोभन दिए; लेकिन हमारे शासक देशप्रेमी थे, इसलिए सरदार पटेल की बात ही मानी गई। आप सन् 1952 में मुझे एक बार उमरकोट की यात्रा पर लेकर गई थीं, जो आपके विवाह के बाद उमरकोट की आपकी भी पहली ही यात्रा थी।

यह मेरे लिए बहुत दिलचस्प था कि आपने मुझे अंग्रेजी साहित्य एवं दर्शन शास्त्र में बी.ए. और एम.ए. की पढ़ाई हेतु जोधपुर जाने के लिए प्रेरित किया; लेकिन साथ-साथ आपने मुझसे यह भी कहा कि "तुम्हारा विवाह तुम्हारी अपनी इच्छा से नहीं होगा। तुम्हें किसी ऐसे आदमी से विवाह करना होगा, जो किसी राजवंश का उत्तराधिकारी हो, जिसको निश्चित संख्या में बंदूकों की सलामी मिलती हो। लेकिन यह जरूर है कि मैं किसी पढ़े-लिखे को ही चुनूँगी।" इतनी सारी शर्तों का मतलब यह था कि चुनने के लिए बहुत कम शासक होंगे। मेरी भी एक शर्त थी कि मैं अपने प्यारे राजपूताना में ही रहना चाहती थी।

आप बहुत सख्त माँ थीं, लेकिन प्यारी नहीं थीं। आपके रिश्ते में प्यार था ही नहीं। प्यार के लिए मैं अपने पिता के पास जाती थी। फिर भी, आपने मेरे ऊपर कभी भी अपनी तरह शाकाहारी होने के लिए दबाव नहीं डाला। जब मैं श्रीकृष्ण की पूजा करने लगी तो आपने यह दबाव नहीं डाला कि मैं श्रीराम की पूजा करूँ। मुझे ऐसा महसूस होता था कि हमारे घर में आध्यात्मिकता कम थी, लेकिन धार्मिकता बहुत अधिक थी। आप बहुत धार्मिक और कट्टर थीं। आपकी स्मरण शक्ति इतनी तेज थी कि उसने आपको कभी धोखा नहीं दिया। आप बहुत सुंदर भी थीं। राजस्थानी लोकगीतों से मेरा लगाव आपकी वजह से ही हुआ और मैं आज भी राजस्थानी लोकगीत गाती हूँ।

सन् 1964 में मेरा विवाह राजपीपला रियासत के महाराजा रघुवीर सिंहजी के साथ हुआ। तकनीकी रूप से तो राजपीपला गुजरात में है। हमारा विवाह बहुत धूमधाम से हुआ। वह काफी रंगारंग और संगीतमय था। महल से होने वाला यह अंतिम राजसी विवाह था, जिसको 'नेशनल ज्योग्राफिक' मैगजीन ने कवर भी किया था। जोधपुर, बूँदी, अलवर, बोलनगीर, पाटन, छोटा उदयपुर रियासतों के परिवारों के साथ-साथ बहुत से अन्य लोग इस विवाह में शरीक हुए थे। मुझे याद है कि मेरे सम्मान में लोकगीत और नृत्य के कई आयोजन हुए थे, जिन्हें मैं आनंदित हो देख रही थी। रेगिस्तान की उस चाँदनी रात में महिलाओं के लिए अलग से आयोजन किए गए थे।

इसके कुछ समय के बाद ही मेरे पिता का देहांत हो गया और आपने राजस्थान के चटक रंगों का त्याग कर दिया। आपने विधवा परिधान यानी श्वेत वस्त्र धारण कर लिये। अगले इकतालीस वर्षों तक आप श्वेत वस्त्र धारण किए रहीं और जीवनपर्यंत यानी अस्सी साल की उम्र में अपने देहांत होने से पहले तक आपने सफेद वस्त्र ही पहने।

आज आपको मैं प्यार और आदर से याद करती हूँ।

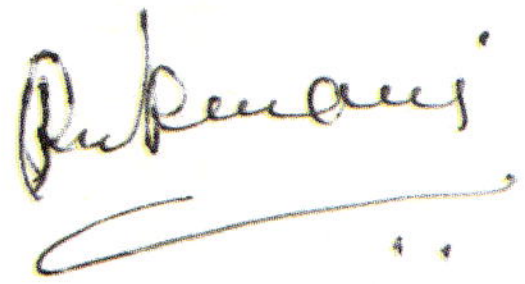

(महारानी रुक्मणी देवी राजपीपला की पूर्व महारानी हैं, जो रेगिस्तान की रियासत जैसलमेर की राजकुमारी हैं, जिस रियासत की स्थापना उनके पूर्वज रावल जैसल ने आठवीं शताब्दी में की थी। जैसलमेर के किले में हुए उनके विवाह ने मीडिया में बड़ी हलचल मचाई थी। उनकी कविताओं के संकलन का नाम है—'आषाढ़ी बादल'। उन्होंने राजपीपला तथा भील समुदाय के बारे में भी लिखा है। उनके प्रयासों से राजपीपला का महल हेरिटेज होटल में तब्दील हो गया, जिसमें तीन संग्रहालय तथा एक सांस्कृतिक केंद्र भी बनवाए। वे हर साल कार रैली का आयोजन करती हैं। उनके दो बच्चे हैं और वे अपने पति के साथ राजपीपला में रहती हैं।)

सर विक्टर ब्लैंक

प्रिय माँ,

आपको मैंने आखिरी बार चौंसठ साल पहले देखा था, इसलिए आपको पत्र लिखना बहुत अजीब लग रहा है। आपका देहांत मेरे बैट मिट्ज्वा के चार सप्ताह पहले हो गया था। यहूदी धर्म में लड़के की किशोरावस्था आने पर यह आयोजन किया जाता है, जो बेहद महत्त्वपूर्ण पारिवारिक एवं धार्मिक आयोजन माना जाता है। मैं बखूबी जानता हूँ कि यदि उस समय आप जीवित होतीं तो आपने इसे किस तरह से मनाया होता।

डैड, लिसा एवं मैंने आपको तब बहुत मिस किया था और तब से हम आपको मिस करते आ रहे हैं। इसके बावजूद कि हम आपके साथ ज्यादा दिन नहीं रहे, लेकिन आपने जिस तरह से मेरे (और मेरी बहन लीसा के) जीवन को प्रभावित किया, वह कोई मामूली बात नहीं थी। मुझे याद है कि आप दूसरों के प्रति कितनी करुणा दिखाती थीं, सबका कितना ध्यान रखती थीं, कितनी परवाह करती थीं! मेरे पूरे जीवन के दौरान (आश्चर्य की बात है कि आज तक भी) मुझे ऐसे लोग मिलते रहे, जो आपको जानते थे। साठ साल से ऊपर हो गए, लेकिन आज भी वे बहुत प्यार एवं गरमजोशी के साथ आपको याद करते हैं और बताते हैं कि किस तरह से आपकी उदारता व मुस्कान से उनके जीवन में खुशियाँ भर जाती थीं। वे आपको बहुत महान इंसान के तौर पर याद करते हैं। वैसे, यह कोई मामूली बात नहीं है कि आपकी स्मृति इतने साल तक बनी रही—साठ साल से भी अधिक समय तक। आपका व्यक्तित्व ही ऐसा था।

मेरे पास तो बचपन के दिनों की आपकी तस्वीरें हैं, अनेक यादें हैं। स्मृतियाँ तो बहुत सारी हैं। लिथम सेंट एनी के तट पर बिताई गई छुट्टियों की याद भी उनमें शामिल है। क्या आपको याद है, जब मैं झील में फिसल गया था तो आपने मुझे किस तरह से बाहर निकाला था?

आप हमेशा बहुत सजी-सँवरी रहती थीं—नाखूनों को रंगे, अच्छे से मेकअप करके और हमेशा अच्छे से कपड़े पहन-ओढ़कर। खाना खाने का समय आपके लिए इतना मायने रखता था कि उस समय मेज के इर्द-गिर्द पूरा परिवार होता था। और उस समय भी आप खूब अच्छे से सजकर बैठती थीं; जबकि खानेवालों में सिर्फ आप, डैड, लीसा और मैं ही होते थे।

हमारा साथ कुछ ही वर्षों का रहा, परंतु मैंने आपसे दूसरों के प्रति करुणा सीखी और यह भी सीखा कि दोस्तों को किस तरह से महत्त्व दिया जाए और उन्हें यह जताया जाए कि आप उनके साथ कितने खुश हैं। आपके आसपास के लोगों को आपने हमेशा खुशी और आनंद का भाव दिया। आप आज भी हमारे लिए एक उदाहरण की तरह हैं और इस तरह से हम आपको बड़े प्यार से याद करने लगे हैं।

प्यार के साथ,

—विक्टर

(सर विक्टर ब्लैंक एक परोपकारी व्यक्ति हैं और लॉयड्स टी.एस.बी. बैंक के पूर्व अध्यक्ष हैं। वे वेलबींग ऑफ वुमेन चैरिटी के भी अध्यक्ष हैं। वे हर साल ब्रायन लारा, स्व. शेन वॉर्न, सचिन तेंदुलकर और एंड्रयू फ्लिंटॉफ जैसे खिलाड़ियों को लेकर चैरिटी मैच आयोजित करते हैं। वे मिरर ग्रुप के अध्यक्ष और यू.के. बिजनेस एंबेसडर रहे हैं। बहुत सारे चैरिटी एवं सामाजिक संस्थानों के संरक्षक के रूप में उन्होंने लाखों डॉलर जुटाने में मदद की है। उनके तीन बच्चे हैं और वे अपनी पत्नी लेडी सिल्विया ब्लैंक के साथ रहते हैं।)

लॉर्ड स्वराज पॉल

माँ के लिए आदर का भाव भारत की महान परंपरा के केंद्र में रहा है। हम इस आदर भाव को अनेक प्रकार से अभिव्यक्त करते हैं, जैसे—दैवीय शक्ति के प्रति अपनी भावनाओं में देवी के प्रतीक के रूप में, दैनिक स्तर पर मातृत्व के प्रतीक के रूप में, अपनी माँ के प्रति प्रेम व समर्पण के भाव में। इन सभी स्वरूपों में हम अपने लिए उनका आशीष और कृपा माँगते हैं। इन भावनाओं को मैंने जीवन भर अपने हृदय और मस्तिष्क में सँजोए रखा। मुझे इस बात का दृढ़ विश्वास है कि मुझे अब तक जो भी सफलता मिली है, वह उनके इन्हीं आशीर्वादों की बदौलत मिली है। लेकिन इसके साथ-साथ एक और बात भी महत्त्वपूर्ण है कि त्रासदी के समय में उन्होंने मुझे जो दिलासा दिया, जो सांत्वना दी, उस दिलासा और सांत्वना ने मुझे कष्ट व विपत्ति को सहने की अपार शक्ति प्रदान की।

यदि इसे व्यापक स्तर पर देखा जाए तो माँ एक आदर्श के रूप में हमें वह मूल्य प्रदान करती हैं, जो हमें सदैव मानवीय बनाए रखता है तथा प्रेम, सत्य, निष्ठा, सहिष्णुता, समझदारी तथा इसी तरह की हमारी अन्य महान ख्वाहिशों को पूरा करते रहने के लिए हमें प्रेरित करता है। यहाँ तक कि हम अपने देश को भी माँ के रूप में देखते हैं, यह हमारी देशभक्ति के उत्कृष्ट भाव को दर्शाता है। ऐसे समय में, जब आधुनिक जीवन का भटकाव बहुत मुखर है, हमें उनके गुणों को याद रखना चाहिए और माँ के महत्त्व को समझना चाहिए।

मैं जब सात साल का था, तब मेरी माँ का दुःखद रूप से देहांत हो गया। हालाँकि, देखा जाए तो वे शरीर से भले ही चली गई हों, पर वास्तव में हमें छोड़कर कभी नहीं गईं। उनके प्यार और दुलार का प्रभामंडल आज भी हमारे आसपास हमेशा मौजूद रहता है। उन्होंने अपने बच्चों को वे मूल्य दिए, जिनसे वे स्वयं पोषित थीं। विशेष रूप से दया, दान, सत्य, मितव्ययिता, सम्मान और एकता। एक बार जब उनसे यह पूछा गया कि वे कोई आभूषण क्यों नहीं पहनती हैं, तो उनका जवाब था, "मेरे बच्चे ही मेरे आभूषण हैं।" उनके गुजरने के बाद जीवन की कठोरता से मेरा पहला सामना हुआ। लेकिन उनके विश्वास एवं आस्था ने मुझे जीवन जीने लायक बनाया और मुझे अपना रूपाकार दिया। माँ से मिले मूल्य मेरे लिए सबसे बड़ी धरोहर हैं।

हर व्यक्ति की अपनी स्मृतियाँ, अपने अनुभव अलग-अलग होते हैं और जिनसे हमें अलग-अलग तरह के सबक मिलते हैं, लेकिन यदि कोई ऐसा विषय होता हो, जो सभी के लिए एक समान होता है, तो वह माँ और मातृत्व की स्नेहमयी छाँव होती है। शायद यही छाँव किसी दिन इस मानव जाति में एकता की भावना पैदा कर दे। यह एक महत्त्वपूर्ण कारण है, जिसके लिए मैं लेडी मोहिनी मून केंट को बधाई देता हूँ और उनके इन प्रयासों की सराहना करता हूँ कि उन्होंने हमें यह अवसर दिया कि हम माँ के प्रति अपने उन विचारों को साझा कर सकें, जिन्हें हम अकसर साझा नहीं करते हैं।

शुभकामनाएँ।

(लॉर्ड स्वराज पॉल एक व्यवसायी हैं और ब्रिटिश हाउस ऑफ लॉर्ड्स के सदस्य हैं। सन् 1968 में उन्होंने स्टील समूह कापारो ग्रुप की स्थापना की। वे लंदन इसलिए चले गए, क्योंकि उनकी चार साल की बेटी अंबिका को ल्यूकेमिया हो गया था। और फिर उनका परिवार वहीं रह गया। वे हर साल उसकी स्मृति में लंदन के चिड़ियाघर में पार्टी आयोजित करते हैं और चिड़ियाघर को प्रायोजित भी करते हैं। उनके छोटे बेटे अंगद का निधन हो गया। व्यवसाय का काम उन्होंने अपने दूसरे बेटे को सौंप दिया है, साथ-ही-साथ खुद को भी व्यवसाय के काम में व्यस्त रखते हैं। वे लंदन में अपनी पत्नी अरुणा पॉल के साथ रहते हैं।)

सेतु वैद्यनाथन

प्यारी माँ,

मुझे याद है कि बचपन में जब आप खाना बना रही होती थीं, तब मैं गणित का होमवर्क करते हुए रसोई के बरतनों पर ढोलक बजाया करता था। हम लोग संपन्न थे, लेकिन फिर भी आपने रसोइया रखने से मना कर दिया था। आप हम लोगों के लिए पलक्कड़ के सुस्वादु भोजन बनाया करती थीं। पलक्कड़ में हम ब्राह्मणों का छोटा सा समुदाय था, जो अपना भोजन आयुर्वेद के सिद्धांतों के आधार पर पकाया करता था, जिसमें मत्त चावल, हरी सब्जियाँ, केले, नारियल के तेल आदि का प्रयोग किया जाता था। रोज सुबह आप बहुत प्यार से यह पूछती थीं कि तुम्हारा क्या खाने का मन है ? अब मैं अपनी स्मृति में आपकी उस स्वादिष्ट रेसिपी को महसूस करता रहा हूँ।

केला, नारियल, पपीता, आम, चीकू, तरबूज, सब्जियाँ और नीबू के पौधे समुद्र-तट पर बने हमारे अपने ही घर के बगीचे में उगाए जाते थे। डैड बगीचा लगाने में दिलचस्पी रखते थे; लेकिन आप फूल उगाती थीं, जो ईश्वर को प्रिय होते हैं। मुझे याद है कि आप हर देवता को अलग-अलग फूल चढ़ाया करती थीं—भगवान विष्णु को चंपा व तुलसी चढ़ाए जाते थे, देवी सरस्वती को चंपा व पलाश के फूल, भगवान गणेश को जवा कुसुम के लाल फूल और देवी लक्ष्मी को गुलदाउदी के सफेद फूल। आप भोर की वेला में पूजा के समय गाए जाने वाला कर्नाटक संगीत गुनगुनाते हुए फूलों को तोड़ती थीं। आप संस्कृत का एक श्लोक हमें सुबह के समय सुनाती थीं और एक शाम के समय। फिर आप उनके आसान अर्थ हमें बताती थीं। इस तरह से जब मैं बड़ा हुआ तो मुझे अपनी परंपरा का अच्छा-खासा ज्ञान हो चुका था। अब आपसे प्रभावित होकर मेरे बेटे ने अपने कमरे में एक छोटा सा मंदिर बनाया है। आपकी जड़ें पारंपरिक, आध्यात्मिक शिक्षा में थीं, इसलिए आपने हमें यह सिखाया कि धन भाग्य से आता है, इसका सदुपयोग किया जाना चाहिए। अपने धन का उपयोग दूसरे लोगों की मदद के लिए किया जाना चाहिए।

आप हमेशा दूसरों की मदद करती थीं। आपकी माँ का देहांत कम उम्र में ही हो गया था। इसलिए आप ही अपने छोटे भाई-बहनों के लिए भोजन पकाया करती थीं। डैड एक सफल व्यवसायी थे, अत: आप उनकी कंपनी के खाते को सँभालने तथा टैक्स का आकलन करने में उनकी खूब मदद किया करती थीं। आप पढ़ाई में बहुत तेज थीं और बड़े होकर गणित की अध्यापिका बन गईं। आपने मुझे भी बहुत अच्छी तरह से पढ़ाया, जिससे मुझे आगे चलकर बहुत मदद मिली, विशेष रूप से पिताजी के व्यवसाय को सँभालने में।

डैड गर्मी की छुट्टियों में हमें यूरोप लेकर जाते, जो बहुत मजेदार अनुभव होता था। वे पाश्चात्य रंग-ढंग के थे; लेकिन आप दक्षिण भारत की पारंपरिक साड़ियाँ ही पहनती थीं, यहाँ तक कि यूरोप में भी आप वही पहनती थीं। जैसा कि हमारे यहाँ का रिवाज था, घर में हम नंगे पैर ही चलते थे। नाक-कान में आप हीरे के पारंपरिक आभूषण ही पहनती थीं, जो बहुत उच्च कोटि के होते थे। हम बच्चे थे, तब भी इस बात को समझते थे।

मुझे आपका भरपूर प्यार मिलता था; लेकिन फिर भी मुझे हमेशा ऐसा लगता रहता था कि आप मुझे मेरी बहन से अधिक प्यार करती थीं। भारतीय संस्कृति में लड़के को लड़की से अधिक महत्त्व दिया जाता है; लेकिन अच्छी बात यह है कि अब यह सोच बदल रही है। बाद में जब आपको कैंसर हो गया, तब बहन ने आपकी बहुत देखभाल की। तब आप उसकी भी बहुत सराहना करने लगी थीं। आपने उसकी बाँहों में ही दम तोड़ा था।

मेरे बचपन की सुगंध में आपके पकाए भोजन की खुशबू है; मंदिर के लिए जो फूल आप उगाती थीं, उनकी खुशबू है; सुबह के समय आप जो कर्पूर जलाती थीं और अगरबत्ती की खुशबू, जो हमारे घर में भरी रहती थी, उसे आज भी मैं महसूस करता हूँ। आप जिन मूल्यों के लिए जीती थीं, परिवार को जिस तरह से महत्त्व देती थीं तथा दूसरों की जिस तरह से मदद करती थीं, वह हमेशा मेरे जीवन का हिस्सा बनकर रहेगा। आपका निधन बहुत कष्टदायी था; लेकिन आपका शांत स्वभाव, आपकी सौम्यता, आंतरिक ज्ञान और सबके प्रति शुभ की कामना हमेशा मुझे रास्ता दिखाती रहेंगी।

प्यार के साथ,

—सेतु

(सेतु वैद्यनाथन एक वेंचर कैपिटलिस्ट एवं उद्यमी हैं। घूमना, संगीत सुनना, कला एवं तकनीकी उनके शौक हैं। वे स्त्री अधिकारों तथा पर्यावरण जैसे सामाजिक मुद्दों के लिए काम करते हैं। फैशन, रिटेल, आतिथ्य, जमीन-जायदाद, सॉफ्टवेयर विकास तथा मनोरंजन के क्षेत्र में उनके उद्यम हैं। उन्होंने भारत के तीर्थ नगरों पर एक पुस्तक लिखी है। वे चेन्नई फोटो बिएननेल को बढ़ावा देते हैं, जिसमें पचास से अधिक कलाकार पंद्रह स्थानों पर प्रदर्शनी लगाते हैं। वे दिल्ली में अपने बेटे और होटल व्यवसायी पत्नी प्रिया पॉल के साथ रहते हैं।)

रब्बी डेविड गेफेन

जो चीजें मैंने अपनी माँ से सीखीं और हासिल कीं, वे हैं—जीतने से अधिक महत्त्वपूर्ण प्रेम होता है और अंत में प्रेम ही है, जिसके माध्यम से हम सब जीत जाते हैं। सबका सम्मान करना चाहिए, खासकर जब मैं किशोर जीवन में था और मैं पार्टियों में जाता था तो वे मुझे याद दिलाती थीं, "लड़कियों का सम्मान करो।"

सभी लोगों की परवाह करना, सिर्फ अपने परिवार की ही नहीं।

सबको सुनना, बीच में टोकना नहीं; यह अनुमान नहीं लगाना कि अब क्या कहा जाने वाला है और उसी के आधार पर बोलने लगना।

सच में सुनना और सुने हुए के आधार पर किसी फैसले पर मत पहुँच जाना। केवल ध्यान से सुनना, क्योंकि लोग अपने दिल से चीजों को बाहर निकाल देना चाहते हैं। उन्हें कोई सुनने वाला चाहिए।

समानुभूति से भरे रहना। जब परिजनों तथा दोस्तों को किसी तरह की समस्या हो, दु:ख हो या वे किसी कठिनाई में हों तब उन्हें सुनना और समझना। उनकी मदद के लिए तैयार रहना।

इस बात को लेकर हमेशा सजग रहना कि किसी को आपकी वजह से कोई कष्ट न पहुँचे। विनम्र रहना, क्योंकि वे स्वयं भी विनम्र थीं। गरिमापूर्ण ढंग से रहना, क्योंकि वे भी ऐसी ही थीं।

जिंदगी का भरपूर आनंद लेना। किसी के बारे में किसी तरह की चुगली नहीं करना। किसी की टाँग-खिंचाई नहीं करना। मैंने उन्हें कभी किसी के बारे में कुछ बुरा बोलते नहीं सुना।

अवश्य माँ ने मेरे अंदर कुछ अच्छा देखा था, शायद इसलिए उन्होंने मुझे इस बात की अनुमति दी थी कि मैं जैसा हूँ, वैसा ही रहूँ, बिना इस उम्मीद के कि मैं उनके किसी कल्पित रूप के अनुसार बन जाऊँ।

माँ ने मुझे लेकर कभी हार नहीं मानी, जबकि मैं बड़ी परेशानी का कारण था। मुझे ए.डी.एच.डी. और डिसलेक्सिया जैसी कई बीमारियाँ थीं। माँ प्यार का सागर थीं। केवल मैं ही नहीं, सब उन्हें प्यार करते थे। क्या आप कल्पना कर सकते हैं कि वे बहुत प्यारी सास भी थीं!

मेरी माँ चुंबक जैसी थीं। बच्चे, किशोर, हमउम्र—चाहे जिस भी उम्र के लोग हों, सब उनके आसपास रहना चाहते थे, क्योंकि उनमें सच्ची करुणा भी थी।

यह ब्रह्मांड समस्त जीवन की माँ होता है। उनके प्रेम की कोख से हम लोगों को विराट् और सुंदर प्रकाश का उपहार मिला। अब चूँकि हमारा जन्म हो चुका है, इसलिए यह आसान होता है कि हमारा ध्यान भटक जाए और हम भूल जाएँ। मेरी माँ ने मुझे यह सिखाया था कि हमें अपने अंदर के प्रेम को कभी नहीं भुलाना चाहिए, उसको अभिव्यक्त करना चाहिए और रोजाना उसका भरपूर इस्तेमाल करना चाहिए।

आपको बहुत प्यार, माँ! आपको और पापा को, जिन्होंने मुझे जीवन दिया, इसके लिए आप दोनों का शुक्रिया!

—रब्बी डेविड गेफेन

(रब्बी डेविड गेफेन लविंग क्लास रूम के संस्थापक हैं। जब वे यू.के. से इजराइल गए तो उनका ध्यान इस बात पर गया कि अलग-अलग धर्मों एवं राजनीतिक मतों के बीच घृणा का भाव था और उन्होंने स्कूल में इस संबंध में शिक्षा शुरू करने के बारे में सोचा। उन्होंने लविंग क्लास रूम पुस्तकें लिखीं तथा आठ सद्गुणों का पाठ्यक्रम विकसित किया—सम्मान, सहिष्णुता, सुनना, दया, आभार, प्रेम, देखभाल तथा मित्रता। वे यू.के., यू.एस.ए., इजराइल तथा दक्षिण अफ्रीका के शिक्षार्थियों के साथ काम करते हैं। वे जेरूशलम में अपने तीन बच्चों एवं पत्नी नाओमी के साथ रहते हैं।)

लॉर्ड राज लूंबा

प्यारी बीबीजी,

आप करीब सत्ताईस साल पहले हम लोगों को छोड़कर चली गईं, लेकिन आपकी स्मृतियाँ आज भी उसी तरह से जीवंत हैं। आप हम लोगों के सामने हमेशा साहसी बनी रहती थीं; जबकि मुझे पता था कि मेरे पिता की तपेदिक से मृत्यु हो जाने के बाद आप अंदर से बहुत उदास और अकेली हो गई थीं। पापा का व्यवसाय बहुत सफल था और इसका परिणाम यह हुआ कि वे खूब सारा धन छोड़कर गए; लेकिन उनके जाने के बाद उनका व्यवसाय तबाह हो गया।

सैंतीस साल की उम्र में विधवा हो जाना भारत के पंजाब के एक गाँव में किसी आपदा से कम नहीं माना जाता था, वह भी वर्ष 1954 में। आज का समय होता तो पापा के तपेदिक रोग का इलाज किया जा सकता था, लेकिन उस समय यह बीमारी लाइलाज थी और वे यह दुनिया छोड़कर चले गए। वे आपको सात बच्चों के साथ अकेला छोड़ गए, जिनमें सबसे छोटा बच्चा तो महज साढ़े तीन साल का ही था और मेरी उम्र उस समय दस साल थी। मैंने यह अपनी आँखों से देखा था कि विधवा होने के कारण आपको किस तरह से भेदभाव का सामना करना पड़ता था।

भारतीय समाज तब विधवाओं के प्रति बहुत क्रूर होता था। मेरे पिता की मृत्यु के कुछ घंटों बाद ही आपको मेरी दादी ने सफेद वस्त्र धारण करने, अपने गहने उतार देने और माथे से बिंदी हटा लेने के लिए कहा, जो स्वयं भी एक विधवा थीं। जब मेरा विवाह हो रहा था तो पुजारी ने आपको अपमानित करके वेदी से हट जाने के लिए कहा, क्योंकि विधवा होने के कारण आप नव-दंपती के लिए दुर्भाग्य का कारण हो सकती थीं।

चूँकि आपके और आपके परिवार के लिए गाँव में रहना सुरक्षित नहीं था, इसलिए आपने हम लोगों को जालंधर भेज दिया, जहाँ आपके पिता के भाई श्री नौबत राय ने आपकी बहुत सहायता की।

आपको किसी तरह की औपचारिक शिक्षा नहीं मिली थी, लेकिन आपने अपने सभी बच्चों को शिक्षा दिलवाने में सफलता पाई। मेरी बहनों ने 1950 के दशक में कन्या महाविद्यालय से शिक्षा पाई, जब लड़कियाँ स्कूल भी नहीं जाती थीं। हम लोगों को अच्छे से पढ़ाना आपका सपना था। मुझे याद है कि मैं रोजाना साइकिल से चार मील दूर डी.ए.वी. स्कूल जाया करता था। उसके बाद की पढ़ाई के लिए आपने मुझे अमेरिका भेज दिया था।

आप हम लोगों के लिए स्वादिष्ट भोजन पकाती थीं—मुझे अभी भी वह स्वाद याद है। हमारे पास अपनी भैंसें थीं और हम लोगों को रोज सुबह एक गिलास और रोज शाम को एक गिलास दूध दिया जाता था। आपने तो मुझे भी खाना पकाने के लिए प्रेरित किया था। आप और पिताजी आजीवन शाकाहारी रहे, लेकिन बच्चों को कभी मांस व अंडा खाने से नहीं रोका। चूँकि रसोई मांसाहारी भोजन पकाने से प्रदूषित हो जाती थी, इसलिए हम लोगों के लिए भेड़ का मांस रसोई के बाहर अँगीठी पर पकाया जाता था।

तब मुझे अंदाजा भी नहीं था कि लंदन मेरा और आपका घर बन जाएगा। हालाँकि, आपको घर में बंद-बंद महसूस होता था और बाहर आपको अंग्रेजी बोलनी नहीं आती थी, लेकिन आपकी वजह से मेरे बच्चों को बड़ी अच्छी पंजाबी बोलनी आ गई।

आप मेरे लिए पिता एवं माँ दोनों ही थीं। आपने ही मुझे पुष्पावती लूंबा मेमोरियल फाउंडेशन स्थापित करने के लिए प्रेरित किया, जिसका उद्देश्य है गरीब विधवाओं के बच्चों को शिक्षा देना। आपके नाम पर अनेक पीड़ित विधवाओं को, विशेष रूप से गाँवों में शिक्षा, रोजगार तथा अन्य कल्याणकारी योजनाओं के माध्यम से मदद पहुँचाई गई। अनेक विधवाओं को उत्पीड़न तथा अत्याचार से मुक्त करवाया गया। आप यही पदचिह्न हमारे लिए छोड़ गई हैं।

आपका बेटा,

—राज

(लॉर्ड राज लूंबा एक व्यवसायी हैं और ब्रिटिश हाउस ऑफ लॉर्ड्स के सदस्य हैं। उन्होंने फैशन के क्षेत्र में एक सफल व्यवसाय शुरू किया, जिसकी शुरुआत स्ट्रीट मार्केट में स्टॉल लगाकर की थी। उनके थोक व्यापार के दफ्तर अब यू.के., भारत तथा चीन में हैं। वे अनेक संस्थाओं के सदस्य, संरक्षक और हिमायती हैं। लूंबा फाउंडेशन के माध्यम से विधवाओं की दशा को बेहतर बनाने के अपने काम के लिए वे सबसे अधिक जाने जाते हैं। संयुक्त राष्ट्र ने 23 जून को 'अंतरराष्ट्रीय विधवा दिवस' घोषित किया है। वे अपने तीन बच्चों एवं पत्नी वीणा लूंबा के साथ लंदन में रहते हैं।)

ILM
AMERICAN
EXPRESS
FILM
FILM
BFI LOND
FESTIVAL

शोनाली बोस

मेरी प्यारी-प्यारी माँ,

मेरी नई फिल्म 'द स्काई इज पिंक' रिलीज हो गई है, काश! आप उसे देखने के लिए यहाँ होतीं। यह फिल्म बहुत कुछ आपके बारे में ही है। वैसे सीधे तौर पर इस फिल्म का आपसे कोई लेना-देना नहीं है। मेरी सभी फिल्में—'अमू', 'मार्गरीटा विद ए स्ट्रॉ', 'द स्काई इज पिंक' माँ-बेटी के रिश्तों और मृत्यु को लेकर हैं। इसका कारण यह है कि इक्कीस साल की उम्र में आपके अचानक निधन से पहले तक मेरी जिंदगी की धुरी आप ही तो थीं। मुझे आज भी सब बहुत अच्छे से याद है। हम आपकी अस्थियों को लेकर समुद्र में प्रवाहित करने गए थे और फिर आप पानी के ऊपर दिखाई देने लगीं। आपकी बाँहें फैली हुई थीं। आपने लाल किनारी वाली सफेद साड़ी पहनी हुई थी। मुझे वह विराट् प्रकाश और ऊर्जा अपने शरीर में प्रवेश होती हुई महसूस हुई। मैं अत्यधिक उत्साहित हो गई तथा पराभौतिक रूप से खुद को मजबूत महसूस करने लगी। तीन दिनों तक मुझमें ऐसा ही भाव बना रहा, हालाँकि तब मुझे कुछ समझ में नहीं आ रहा था। दर्द इतना अधिक था कि मैं आपसे बात भी नहीं कर पाई। जब आप जिंदा थीं, तब आपको मेरे जीवन के बारे में एक-एक बात पता थी और अब आपके जाने के बाद मुझे आपकी कमी बड़ी शिद्दत से महसूस होने लगी।

यह दर्द तब जाकर कुछ कम हुआ, जब मैं स्वयं माँ बनी। मैं जानती थी कि आपको नानी बनकर बहुत अच्छा लग रहा होगा। ईशान मेरे जीवन में आपकी जगह ले चुका था। वह मेरे जीवन की धुरी बन चुका था। लेकिन विडंबना कि आपके निधन के पच्चीस साल के बाद वह भी यह संसार छोड़कर चला गया। दूसरी बार मेरा जीवन पूरी तरह से बदल गया, लेकिन इस बार यह बदलाव सकारात्मक दिशा में था। मुझे लगा कि आपने मुझे मार्गदर्शन दिया है कि मैं उसकी मृत्यु और सभी की मृत्यु को स्वीकार कर सकूँ। तब वह मात्र सोलह साल का था। जिस दिन उसका अंतिम संस्कार था, उस दिन मैं उसे एक सुंदर तस्वीर में मुस्कराते हुए देख रही थी। तभी मुझे अपने अंदर उसकी आवाज सुनाई दी, 'मम्मा, मैं इस धरती पर और नहीं रहना चाहता था।' और मुझे अपने अंदर फिर उसी तरह का प्रकाश व ऊर्जा महसूस हुई; वही जोश और वही विराट् शक्ति। इस बार मैंने उस प्रकाश और ऊर्जा को पहचान लिया और उसके साथ बनी रही। उसके द्वारा कहे गए छोटे से वाक्य से ही मुझे यह बात समझ में आ गई कि जीवन और मृत्यु के बीच के अंतराल को समय से नहीं मापा जा सकता। ईशान ने जीवन को समझ लिया था और उसके शब्दों से मुझे यह बात समझ में आ गई कि लोगों को अपने ही विकास से कुछ सीखने की जरूरत है। जैसे ही वे सबक आप समझ जाते हैं तो शरीर छोड़ने का समय उपस्थित हो जाता है। आप अपना सबक सीखकर बयालीस साल की उम्र में इस संसार से गईं तो ईशान बहुत तीव्रता से सीख गया और सोलह साल की उम्र में ही चला गया। यह मेरी अच्छी किस्मत है कि मुझे आपके जैसी माँ मिलीं और दो पूरी तरह से विकसित लोग मिले। मुझे अपने लिए कोई अफसोस नहीं है, बल्कि आप दोनों ने आकर मुझे जो सिखाया, उसके लिए स्वयं को आभारी महसूस कर रही हूँ।

मुझे यह महसूस हुआ कि आध्यात्मिक अनुभव या समझदारी ही काफी नहीं है। इसलिए आपके निधन के बाद मैंने जो किया था, इस बार उससे उलट किया, वह था प्रतिरोध और ध्यान भटकाना। मैं अपनी भावनाओं में पूरी तरह से डूब जाती। मैं यह काम रोजाना करती थी, जिसको मैं 'शोक कार्य' कहती। मैं अपनी हथेलियों में अपनी भावनाओं को महसूस करती। मुझे बहुत दर्द महसूस होता और ऐसा करते हुए मैं उस दु:ख से पार निकल जाती। इससे मैं निडर होती गई, खासकर मृत्यु को लेकर। इससे मुझे शांति और प्रसन्नता का अनुभव होने लगा। इसने मुझे पूरी तरह से बदल दिया। ईशान मेरे पास अकसर आता है और मुझे पता है कि आप भी मुझे हर वक्त देखती रहती हैं। आप दोनों एक सतह हैं—मेरी माँ और मेरा बेटा। मुझे आपका प्रकाश और प्रेम महसूस होता रहता है, जिसकी छाँव में मैं खुद को सुरक्षित महसूस करती हूँ। यह बहुत सुंदर बात है। मुझे महसूस होता है कि मुझे इस जीवन में मृत्यु जैसे विषय पर पी-एच.डी. प्राप्त हो गई और मैं इस ज्ञान को सँभालकर रखती हूँ। अपना यही ज्ञान मैं अपनी फिल्मों में उड़ेल देती हूँ। आप दोनों के होने से मैं खुश रहती हूँ।

बहुत प्यार मम्मलू,

आपकी निनोचका

(शोनाली बोस भारतीय फिल्म निर्देशक, निर्माता और लेखक हैं, जिनको कई पुरस्कार मिले हैं। वे एक एक्टिविस्ट हैं, जो फिल्म माध्यम के द्वारा सामाजिक व राजनीतिक बदलाव वाले विचारों को संप्रेषित करती हैं। उनकी पहली फीचर फिल्म 'अमू' को राष्ट्रीय फिल्म पुरस्कार मिला। 'मार्गरीटा विद ए स्ट्रॉ' को सनडांस-महिंद्रा तथा एन.ई.टी.पी.ए.सी. अवार्ड मिले हैं। 'द स्काई इज पिंक' एक सच्ची घटना पर आधारित फिल्म है, जिसका लेखन व निर्देशन उन्होंने स्वयं किया है। वे परोपकारी हैं तथा चैरिटी से जुड़े कार्यों का समर्थन करती हैं। वे मुंबई में रहती हैं।

लिलेट दुबे

प्यारी मम्मी,

मुझे आपसे बहुत कुछ कहना है। अगर आप यहाँ होतीं तो मैंने बहुत कुछ कहा होता। आपके और डैडी के गुजरने के बाद मैंने सबसे बड़ा सबक यही सीखा कि हम जिन्हें प्यार करते हैं, उनसे तब ज्यादा कुछ नहीं कहते, जब वे हमारे साथ होते हैं। तब जिंदगी अनंत लगती रहती है, जबकि सच यह है कि समय हमेशा ही थोड़ा कम पड़ जाता है।

आपने मुझसे एक बार कहा था कि जब आपने बाबा, यानी अपने पिता को खोया था, जो कि तब आपके सबसे अंतिम अभिभावक के रूप में बचे थे, तब आपको अचानक ऐसा लगने लगा कि आप अनाथ हो गई हैं। आज मुझे यह बात बखूबी समझ में आती है कि तब आपके ऐसा कहने का क्या तात्पर्य था! जीवन के आखिरी स्तंभ के होने तक आप स्वयं को बच्चे जैसा महसूस कर सकते हैं। इसके बावजूद कि मेरे जीवन के कई सहारे मौजूद हैं, जैसे कि मेरे प्यारे बच्चे, भाई-बहन और दोस्त आदि, लेकिन फिर भी मुझे ऐसा महसूस होता है कि मेरे जीवन का कुछ बहुत महत्त्वपूर्ण और अनमोल अब नहीं रहा है।

जैसे-जैसे मैं उम्र में बड़ी हो रही हूँ, आपको एवं डैडी को और अधिक याद करने लगी हूँ; मैं उन बातों को याद करती रहती हूँ, जो आपने मुझसे कही थीं, जिन बातों को आप बहुत महत्त्व देती थीं और जिन बातों में आप यकीन रखती थीं। ईमानदारी, कर्तव्यनिष्ठा, सहिष्णुता, उदारता—जिन बातों का आज कोई खास मतलब नहीं रह गया है, लेकिन ये आपके दर्शन का आधार थे और जो आपके मूल विश्वासों का आधार रहे।

बचपन में मैं अपने डैडी को बहुत चाहती थी और मुझे हमेशा यह लगता था कि उन्होंने बहुत हद तक मुझे गढ़ा है। लेकिन उम्र बढ़ने के साथ-साथ मुझे यह बात समझ में आई कि आपने मुझे यह बात कितनी गहराई से सिखाई थी कि जो मैं हूँ, वही बनी रहूँ।

1940 के दशक में लेडी हार्डिंग मेडिकल कॉलेज में डॉक्टर होने के कारण आपने अपने जीवन को अपनी शर्तों पर जिया। उस जमाने की सबसे बड़ी स्त्री रोग विशेषज्ञ के साथ काम किया। आप अपनी कार स्वयं चलाती थीं, तैराकी करती थीं, टेनिस खेलती थीं और सन् 1953 में तीस साल की पकी उम्र में आपने विवाह किया। आप हर तरह से प्रेरक रही हैं।

आप बहुत सुंदर थीं। तब भी आपने हमें यह सिखाया कि बाहरी दिखावे में नहीं फँसना चाहिए, बल्कि अपने व्यक्तिगत एवं आंतरिक विकास को लेकर काम करना चाहिए। इस बात को याद रखना चाहिए कि सुंदरता प्रदत्त होती है, न कि अर्जित। इसलिए यह कोई ऐसी चीज नहीं है, जिसके ऊपर गर्व किया जाए। बच्चों से प्यार करना मैंने आपसे ही सीखा (हालाँकि, मेरे अंदर आपके जैसा जबरदस्त धैर्य नहीं है और आपकी नातिनें, यानी मेरी बेटियाँ आपको जितना प्यार करती हैं, वह इस बात का उदाहरण है)।

आज, जब मैं नई-नई नानी बनी हूँ, दो सुंदर जुड़वाँ नातिनों के होने के बाद मुझे आपकी याद आ रही है और सोचती हूँ कि काश! आप यह सब देखने के लिए हमारे बीच होतीं! लेकिन जैसा कि नेहा और इरा कहती हैं—आप यहाँ हमारे साथ ही हैं, हम सबमें, हमारी छोटी बच्चियों शायरा और निहारिका में। अगर उनका भाग्य ठीक रहा तो उनके भीतर भी आपके शानदार स्त्री व्यक्तित्व का कुछ अंश तो आएगा ही।

प्यार के साथ,

आपकी प्यारी लिलेट

(लिलेट दुबे भारतीय अभिनेत्री हैं, जो थिएटर, फिल्मों और टेलीविजन में काम करती हैं। उन्होंने 'द बेस्ट एगजॉटिक मैरी गोल्ड होटल' तथा उसके सिक्वेल में काम किया है; साथ ही बॉलीवुड की अनेक फिल्मों में भी, जिनमें शामिल हैं 'हाउसफुल', 'बागबान', 'कल हो न हो', 'जुबैदा', 'चश्मे बद्दूर' और 'देसी मैजिक'। पिछले दो दशक के दौरान उन्होंने करीब पचास फिल्मों में काम किया है। उन्होंने अनेक नाटकों का निर्देशन और उनमें अभिनय भी किया है, जिनमें शामिल हैं—'डांस लाइक ए मैन', उनका कहना है कि "मेरा जादू तो नाटकों में है।" उन्होंने चैनल 4 की टी.वी. सीरीज 'इंडियन समर्स' तथा अनेक अन्य सीरीज में काम किया है। उनकी दो बेटियाँ हैं, जो कि मुंबई में रहती हैं।)

बीना रानी

प्यारी मॉम,

जब मैं बहुत छोटी थी, तभी आप इस दुनिया से चली गई थीं। मेरे मन में एक साहसी और स्वतंत्र स्त्री की कुछ छवियाँ भर हैं। आपने बेंगलुरु में अकेले रहकर सात बच्चों को पाला था। कारण यह था कि डैड एक वरिष्ठ सरकारी अधिकारी थे और उनकी पोस्टिंग ग्रामीण इलाकों में होती रहती थी, जहाँ कोई स्कूल तक नहीं होता था। कितनी बड़ी बात थी कि इस सबके बावजूद आपने महिला संगठन बनाने के लिए भी समय निकाल लिया। आप रोज सुबह 3.30 बजे उठती थीं और हम लोगों को भी जगा देती थीं। आप हमारे लिए तीन बार खाना पकाती थीं। हम लोगों को बगल के कमरे में जोर-जोर से बोलकर पढ़ना पड़ता था, ताकि आपको पता चलता रहे कि हम सो नहीं रहे, बल्कि पढ़ रहे हैं। इसके बाद आप लोकल बस पकड़कर वहाँ से चालीस किलोमीटर दूर आनेकल गाँव जाती थीं, जहाँ आपने गरीब एवं हाशिए पर रह रही स्त्रियों के लिए कर्नाटक महिला एवं बाल कल्याण इकाई की स्थापना की थी। 1960 के दशक में वहाँ हाथी भटकते रहते थे। वे पेड़ों को उखाड़ देते थे, जिसके कारण रास्ता बंद हो जाता था। मुझे याद है कि एक रात मैं इंतजार करती रह गई थी, लेकिन आप लौटकर नहीं आईं। आपने पूरी रात जीप में बैठकर बिताई थी और अगली सुबह जब रास्ते में गिरे हुए पेड़ को हटाया गया, तब जाकर आप आ पाई थीं।

आपके लिए कुछ भी मुश्किल नहीं था। आप बहुत अच्छी मेजबान थीं और लोग आपकी सुंदरता पर मोहित रहते थे। आप मेरे पापा के अनेक आई.ए.एस. सहकर्मियों का घर में स्वागत करती थीं और अनेक रिश्तेदारों का खयाल रखती थीं। आपको बस एक ही बात की शिकायत रहती थी कि दिन में 24 घंटे कम पड़ जाते हैं। इसके साथ ही आपने जयमहल लेडीज क्लब की स्थापना की, जिसका उद्देश्य था समृद्ध स्त्रियों को इस बात के लिए प्रेरित करना कि वे गरीब लड़कियों की शिक्षा के लिए मदद करें, साथ ही हाशिए पर रह रहे परिवारों के लिए सहकारी समूह बनाएँ, जिससे कि सरकार की वितरण व्यवस्था के माध्यम से उन लोगों तक राशन पहुँच सके। आप महाबोधि समाज में भी शामिल हुई थीं और सरकारी अस्पतालों में उन लोगों से मिलने जाती थीं, जो बुरी तरह जल गए होते थे।

इसके बाद बयालीस साल की उम्र में आपकी मृत्यु हो गई। उससे दो महीने पहले ही दिल का दौरा पड़ने के कारण डैड की अचानक मृत्यु हो गई थी। मुझे याद है कि आप मेरी बड़ी बहन को गले से लगाकर चीख-चीखकर रो रही थीं, "अब मैं क्या करूँगी?" आपकी रीढ़ की हड्डी में लगातार शिकायत रहती थी; लेकिन डॉक्टर कैंसर का पता नहीं लगा पाए, जिसके कारण आपकी रीढ़ की हड्डी गल गई थी।

शायद आपने इतने सारे काम इसलिए किए, क्योंकि आपको इस बात का पूर्वाभास था कि आपकी जिंदगी छोटी है। आपके जाने के बाद जीवन हमारे लिए बहुत मुश्किल हो गया था। हमारे पास घर तो था, क्योंकि आपने अपनी दूरदृष्टि के कारण घर ले लिया था, लेकिन पैसे नहीं थे। हम लोगों को अपने स्कूल से विनती करनी पड़ती थी कि वे हमें स्कॉलरशिप दे दें। यहाँ तक कि पास के मंदिर से हम मुफ्त में पानी लाया करते थे। किसी तरह मैं यूनिवर्सिटी की पढ़ाई तक पहुँची। मैं शाम की कक्षाएँ करती थी, क्योंकि दिन के समय मुझे कमाना पड़ता था। तब बेंगलुरु एक छोटी सी जगह हुआ करती थी और रात के समय सुनसान रास्ते सुरक्षित नहीं होते थे। लेकिन मैंने अपने डर को जीत लिया था, बहुत मेहनत से काम करके आत्मनिर्भर होना सीख लिया था।

आपने हम लोगों के अंदर ईमानदारी, कर्तव्यनिष्ठा एवं सामाजिक न्याय के मूल्य भरे थे। मैं हर रोज आपकी इस सीख की विरासत के साथ जीने की कोशिश करती हूँ। मुझे इस बात का भी विश्वास है कि मुझमें अजनबियों के प्रति जो करुणा का भाव है, वह भी आपसे ही विरासत में मिला है। तमाम तरह की बाधाओं के बावजूद मैंने लंदन में 'आई पार्टनर इंडिया' नामक एक एन.जी.ओ. की शुरुआत की और पिछले तेरह वर्षों के दौरान हम लोगों ने मिलकर अपने प्रयासों से लाखों लोगों के जीवन को बदलने में उनकी मदद की।

मुझे बस इसी बात का अफसोस होता है कि आप मेरे पति सलिल से नहीं मिल पाईं, जो कि मेरी बेहद मदद करते हैं और आप मेरे बच्चों ताशी व ताहिर से भी नहीं मिल पाईं। मुझे पता है कि आज आप होतीं तो आपने उन लोगों को भी अपना अटूट प्यार दिया होता। कहा जाता है कि समय सारे घाव भर देता है, मॉम! लेकिन मुझे नहीं लगता है कि समय कभी भी मुझे आपको भूलने देगा।

भरपूर प्यार के साथ,

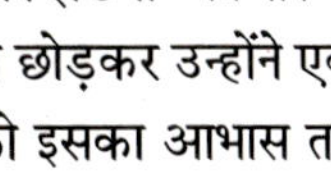

(बीना रानी 'आई पार्टनर इंडिया' की संस्थापक एवं सी.ई.ओ. हैं। वे बीमा तथा बैंकिंग के क्षेत्र में काम करती थीं। फिर अपनी नौकरी छोड़कर उन्होंने एक संस्था बनाई, जिससे कि वंचित समाज के जीवन-स्तर को ऊँचा उठाया जा सके। उनको इसका आभास तब हुआ, जब उनका ध्यान इस बात पर गया कि उनके दफ्तर की इमारत के बाहर ही बाल वेश्यावृत्ति होती थी। वे दुनिया भर में जमीन से जुड़े संगठनों एवं चंदादाताओं के साथ काम करती हैं और परोपकार का उनका अपना विशेष निजी मॉडल है, जिसकी बदौलत उन्होंने लाखों रुपए भी कमाए। उनके दो बच्चे ताशी एवं ताहिर हैं और वे अपने पति सलिल शेट्टी के साथ रहती हैं।)

नई दिल्ली की झुग्गी बस्ती में एक माँ, जो अपने बच्चों को पढ़ने के लिए प्रोत्साहन व समर्थन दे रही है, को यह अच्छी तरह से समझ आ गया है कि शिक्षा उसकी बेटियों के लिए उन अवसरों के द्वार खोल सकती है, जो अभी उनके पास नहीं हैं। अपने अध्यापकों से प्रेरित होकर बहुत सी लड़कियाँ अध्यापन के क्षेत्र में अपना उज्ज्वल भविष्य तलाश रही हैं।

लिली द्वारा समर्थित साझेदार संगठन द्वारा संचालित केयर होम बच्चों को खेल-खेल में सिखाया जाता है। केयर होम उन बच्चों, जिनकी माताएँ देह व्यापार में कार्यरत हैं, के लिए सुरक्षित व स्वस्थ वातावरण उपलब्ध करवाता है। माताएँ अपने बच्चों के लिए एक बेहतर भविष्य का स्वप्न देखती हैं।

कविता : एक पीड़िता की कहानी

अम्मा,

मैं कभी भी दिल्ली या मुंबई जाकर वेश्या नहीं बनना चाहती थी और आपने इसमें मेरा पूरा साथ दिया था। मुझे पता है कि बेड़िया जनजाति की यह परंपरा रही है कि लड़कियाँ कम उम्र से ही काम शुरू कर देती हैं और वेश्या बन जाती हैं। वे अपने ग्राहकों को वेश्यालय या पास में ही भरतपुर के नेशनल हाइवे पर ले जातीं, लेकिन मैं इस बारे में सोच ही नहीं सकती थी कि कभी मैं भी इस तरह का धंधा अपनाऊँगी। मेरी चाचियाँ मुंबई व दिल्ली में वेश्यावृत्ति करती थीं और पिता महीने में एक बार जाकर उनसे पैसे ले आते थे। मेरे चाचा को तपेदिक रोग था, इसलिए वे काम नहीं कर पाते थे; लेकिन हमारे परिवार के दूसरे लोग भी काम नहीं करते थे। चाचा खान में काम करते थे। सिलिका कणों के साँस में घुल जाने के कारण उन्हें तपेदिक की बीमारी हो गई थी, लेकिन उन्होंने कम-से-कम खुद कमाने के बारे में सोचा तो। दूसरे पुरुष तो बस इस बात का इंतजार करते रहते थे कि हम लड़कियाँ जल्द-से-जल्द वेश्या बन जाएँ और उन्हें कमा-कमाकर लाकर दें। मैंने यह भी देखा है कि अंत में लड़कियों के पास कुछ भी नहीं बचता, क्योंकि पुरुष घर चलाने और जमीन खरीदने के लिए उनका सारा पैसा उनसे ले लेते हैं। लेकिन मैंने ऐसा करने से साफ इनकार कर दिया। मेरे इस निर्णय में आपने मेरी मदद की। लेकिन फिर पिता इतने गुस्से में आ गए कि आप डर गईं। इसके लिए लिली चैरिटी के सहयोग से चलने वाली संस्था में पिता के सामने मुझे स्कूल में पढ़ाने की अपनी इच्छा जाहिर की। यह सुनकर पापा को और भी गुस्सा आ गया और उन्होंने उन लोगों को मारने तक की धमकी दे दी, लेकिन आप बहादुरी के साथ मेरे साथ खड़ी रहीं और आपने पिताजी से कहा कि जोर-जबरदस्ती से कुछ भी नहीं होना चाहिए।

अब मैं पंद्रह साल की हो गई हूँ और जल्दी ही अपनी दसवीं की पढ़ाई पूरी कर लूँगी। अपने जीवन को लेकर मेरे बड़े-बड़े सपने हैं। जब मेरे बनाए मॉडल को प्रथम पुरस्कार नहीं मिला तो मैं बहुत दु:खी हुई थी। हालाँकि विज्ञान प्रदर्शनी के निर्णायकों ने मुझे सांत्वना पुरस्कार दिया था, क्योंकि मेरा काम अच्छा था। मुझे पता है कि आपको इस बात पर गर्व है कि मैं पढ़ाई में अच्छी हूँ और मुझे स्कॉलरशिप भी मिलती है। मैं बहुत मेहनत करती हूँ और स्कूल की एक दिन की भी छुट्टी नहीं करती हूँ। हमारा स्कूल हम लड़कियों को आने-जाने का साधन भी देता है और हर प्रकार से हमारी मदद करता है। यहाँ तक कि अब तो मेरे पिता भी खुश हैं। अब तो वे खुद कह रहे थे कि मुझे आगे पढ़ाएँगे और कोचिंग में भी भेजेंगे, ताकि मैं प्रतियोगी परीक्षाओं की तैयारी कर बड़ी सरकारी अफसर बन सकूँ। यह सब आपके कारण ही संभव हो सका है, माँ! यदि आपने साथ नहीं दिया होता तो ऐसा हो पाना संभव नहीं था। मेरी आँखों में सपने सजाने के लिए धन्यवाद माँ!

—कविता

महाला : एक पीड़िता की कहानी

अम्मा,

'वह रात के समय कहाँ जाती है ?' मैं सोचती रहती थी। मेरी बहन हर रात बाहर जाती थी और अगली सुबह पैसों के साथ लौटकर आ जाती थी। मेरे पिता ने मुझे अपनी बहन के साथ रहने के लिए मुंबई भेज दिया था और आपने रोका नहीं या शायद रोक नहीं सकीं। आपको इस बारे में पता था कि मुझे कहाँ और क्यों भेजा जा रहा था, पर मुझे कुछ भी बताया नहीं गया। वहाँ मेरी बहन ने मुझसे कहा कि अब मुझे भी वैसे ही कमाना होगा, जैसे वह और अन्य बहनें कमा रही थीं। उसने मुझे एक आदमी से मिलवाया और मैं भी वही काम करने लगी तथा वेश्या बन गई। दस साल बीत गए, मैं दो बेटों की माँ बन गई। अब मैं बाईस साल की हो गई थी और अपने इस घिनौने जीवन से ऊब चुकी थी। मैं इस सबसे बाहर निकलना चाहती थी। दिन-रात मैं इस नरक से निकलने के बारे में ही सोचा करती थी, तभी एक आदमी ने मेरे सामने विवाह का प्रस्ताव रखा। मैं उसके प्रस्ताव से बहुत खुश हो गई। यह मेरे सपनों के पूरे होने जैसा था। लेकिन उसने फिर अपना मन बदल लिया। मुझे बेहद बुरा लगा। मुझे लगा कि इस तरह से जीने से अच्छा है कि मैं किसी होटल में बरतन धोकर अपना और अपने बच्चों का पेट पालूँ। मैं अपने बच्चों को कभी इस पेशे में नहीं आने दूँगी। मैं उनके जीवन के लिए सुंदर सपना देखा करती थी और हर हाल में उन्हें यहाँ से निकालना चाहती थी, लेकिन मेरी बहन ने मेरा साथ नहीं दिया। मैं बेड़िया जनजाति की थी और हमारा गाँव भरतपुर के निकट था। मुझे यह बताया गया था कि यही हमारी परंपरा है और हम लोगों को परंपरा का पालन करना ही पड़ेगा। मेरी तीन बहनें वेश्या हैं।

मैं यह सब और सहन नहीं कर सकती थी। मैंने अपने दोनों बेटों को अपने साथ लिया और मुंबई छोड़कर वापस अपने गाँव लौट गई। मेरे परिवार वाले मुझ पर नाराज हुए। वे मुझे अपने पास नहीं रखना चाहते थे। मेरी माँ! आप भी नहीं, आपने भी मुझे अपने साथ रखने से मना कर दिया। आप किस तरह की माँ हैं? आपको अपनी बेटी से किसी तरह का लगाव नहीं है? आपने मुझे इसलिए जन्म दिया, ताकि आप मुझे अँधेरी दुनिया में धकेल दें और खुद घर में चुपचाप बैठी रहें। बजाय मेरी रक्षा करने के आप दुश्मन की तरह बरताव कर रही थीं। मैं आपके जैसी माँ नहीं बनूँगी। मैं अपने बेटों को खूब प्यार करूँगी, जिससे कि उन्हें यह पता चल सके कि एक माँ को किस तरह का होना चाहिए।

मेरे रिश्ते के एक भाई ने दया करके मुझे कुछ दिनों के लिए शरण दे दी, ताकि मैं यह सोच सकूँ कि आगे क्या करना है। मैंने कुछ पैसे बचा रखे थे, जिससे मैंने एक कमरा खरीद लिया। वहाँ मैंने अपने दोनों बेटों के साथ नया जीवन शुरू किया, लेकिन पैसे तो जल्दी ही खत्म हो जाने थे, इसलिए मुझे जल्दी ही कुछ काम करने के बारे में सोचना था। तभी भगवान ने मेरी मदद की और मुझे 'लिली चैरिटी' के लिए काम करने वाले कुछ लोग मिले। मैंने ऑमलेट-सैंडविच बनाना और अंडे उबालना सीख लिया, जिसे मैंने स्थानीय बसों में बेचना शुरू कर दिया। इससे मुझे रोजाना करीब सौ रुपए मिल जाते थे। इस काम में मेरे बेटों ने मेरी मदद करनी शुरू कर दी। वे खाना लेकर जाते और बस में जाने वाले यात्रियों को बेचते; जबकि मैं घर में रहकर खाना पकाया करती। मेरे बच्चे स्कूल भी जाने लगे हैं। अब उनका भविष्य उज्ज्वल होगा।

—महाला

जयश्री बर्मन

माँ, आपके चरण कमलों में,

जब मैंने आपको चिट्ठी लिखने के बारे में सोचा तो रवींद्रनाथ टैगोर के गीत 'एइ आकाशे आलोए आलोए' की धुन मेरे दिमाग में गूँजने लगी। इन शब्दों की ही तरह मेरे मुक्त अस्तित्व का रोम-रोम आपके कण-कण से आप्लावित है। आकाश के रंगों, समुद्र की लहरों, नदियों में पसरी कहानियों, पर्वत की शक्ति तथा मानवता में आस्था के मेरे अनुभव—सब आपकी बदौलत हैं। माँ, आप मेरे जीवन की सबसे बड़ी आदर्श हैं और मुझे यह सोचकर बहुत गर्व महसूस होता है कि मैं एक ऐसी स्त्री की बेटी हूँ, जो इतनी उदारचित्त हैं।

जब से मुझे याद आता है, मैंने यह देखा है कि आपने केवल अपने बच्चों को ही प्यार-दुलार नहीं दिया, उनका पालन-पोषण ही नहीं किया, बल्कि बहुत से रिश्तेदारों और पारिवारिक मित्रों को भी जब-जब मदद की जरूरत हुई, आपने बाँहें फैलाकर उनको शरण दी। आपके अंदर सच्ची माँ का जो मातृत्व था, वह हम लोगों तक ही सीमित नहीं था, बल्कि दूसरों को भी आत्मनिर्भर बनाने में आपका जो योगदान रहा है, वह अमूल्य है।

माँ, आज जब मैं यह पत्र लिख रही हूँ तब मुझे बचपन की उन शामों की याद आ रही है, जब आप हम लोगों को प्रार्थना सिखाती थीं। जब आप बालकनी के एक कोने में सितार के तार छेड़ती थीं और जब उसकी आवाज हमारे कानों तक आती तब आप हमें देवी सरस्वती जैसी लगने लगती थीं! आप कितनी सुंदर लगती थीं। जब आप बीमार, बिस्तर पर पड़े रिश्तेदारों की सेवा-शुश्रूषा करती थीं तो आप कितनी कुशल लगती थीं! हमने देखा था कि आप खाना पकाकर अपने हाथ से उन्हें खिलाती थीं। आपको याद हो या न याद हो, पर मुझे यह बात बहुत प्यार के साथ याद है कि आप सभी की सेवा करने में अद्वितीय थीं। आप बिना किसी हिचक के और बिना किसी भेदभाव के सेवा करती थीं। तब आप हमारे लिए माँ सरस्वती से माँ दुर्गा बन जाती थीं—कृपालु, चिंतनशील और शक्तिशाली। मुझे नहीं पता कि मेरे अंदर ऐसी निःस्वार्थ भावना एवं लचीलापन कभी आ पाएगा या नहीं, लेकिन मैं आपको इस बात का भरोसा दिलाती हूँ कि मेरे प्रयासों में कोई कमी नहीं आएगी।

बाबा (पापा) का जीवन भी बहुत सफल रहा। वे हम लोगों के लिए प्रेरणा के स्रोत बने रहे। अदृश्य रूप से आपके मौन, सर्वव्यापी और अटल समर्थन के बिना यह संभव नहीं था। आप उन जैसे महान व्यक्ति के लिए सबसे उपयुक्त संगिनी थीं। जिस अनथक भाव से आप उनका हाथ थामे रहती थीं, वह अतुलनीय था। आप वास्तव में बहुत प्रभावशाली व्यक्तित्व वाली महिला थीं।

मैं ईश्वर से प्रार्थना करती हूँ और सदैव आपका आशीष चाहती हूँ कि मैं भी आप ही की तरह मजबूत, दयालु एवं सहिष्णु महिला बन सकूँ। मेरी प्यारी माँ, मैं सबसे ज्यादा इस बात के लिए आपकी शुक्रगुजार हूँ कि आपने मुझे मुक्तिकामी दृष्टि देकर सशक्त बनाया, जिससे मैं अपनी विश्व-दृष्टि को विकसित कर सकी।

हजारों विनम्र प्रार्थनाएँ।

हमेशा आपकी प्यारी,

—जया

(जयश्री बर्मन एक समकालीन भारतीय कलाकार हैं। उनकी पेंटिंग की प्रदर्शनियाँ दुनिया भर में आयोजित की जाती हैं—कोलकाता से लेकर जर्मनी तक, हांगकांग और जॉर्डन तक। उनके विषय बहुत साहसी हैं, जिनमें मिथकीय पशुओं को मानव सिर के साथ दिखाया गया है। उन्हें अपनी कला के लिए अनेक पुरस्कार मिले हैं। वे जाने-माने कलाकारों के परिवार से ताल्लुक रखती हैं, जैसे शक्ति बर्मन और माया बर्मन। उन्होंने अपनी पेंटिंग दान देकर 'लिली चैरिटी' को सहयोग दिया है। वे दिल्ली में अपने पति परेश मैती के साथ रहती हैं।)

राजकुमारी जीत नाभा खेमका

माँ, मेरे दिल की सबसे करीबी,

आपकी जो शुरुआती स्मृतियाँ मेरे पास हैं, वे खूबसूरत आवाज में आपके द्वारा गुरबानी गाने की हैं। जब आप गाती थीं, तब पूरा घर शांति और भक्ति भाव से भर जाता था। आपकी आवाज किसी देवी जैसी महसूस होती थी। मुझे यह बाद में पता चला था कि आपने ग्रेजुएशन तक पढ़ाई की थी और आपके फिजिक्स व केमिस्ट्री में बहुत अच्छे अंक आए थे। आप पंजाबी भाषा की विदुषी थीं, वह भी उस जमाने में, जब लड़कियों को पढ़ाया ही नहीं जाता था।

आप हमेशा से बहुत मजबूत स्त्री रहीं। आप हमारे परिवार की रीढ़ थीं। मुझे याद है कि आप शुद्ध अंग्रेजी में अंग्रेज अफसरों को चिट्ठियाँ लिखा करती थीं, ताकि वे पापा को छोड़ दें। नाभा रियासत के राजा के रूप में उनका राज्याभिषेक हुआ था; लेकिन ब्रिटिश सरकार ने उनके साथ बहुत अन्याय किया था और बाद में नेहरू सरकार ने भी। जब मैं बड़ी हुई तो मुझे यह समझ आया कि उनके प्रति वफादारी के कारण आपको भी कितना भुगतना पड़ा था, लेकिन फिर भी आपकी वफादारी में कोई कमी नहीं आई। आप उनकी शक्ति थीं।

जब मेरे पापा राजनीतिक बंदी थे, तब उनकी रिहाई के लिए ब्रिटिश सरकार के सामने उनकी ओर से बहस करने के लिए दिल्ली जाने में आप जरा भी नहीं हिचकीं।

जब मेरी उम्र महज नौ साल थी, तभी पापा की मृत्यु हो गई, जिससे मेरे दिल में खालीपन आ गया, जिसे मैं छिपाने की कोशिश करती रही। अब तो उस बात की स्मृति भी धुँधली पड़ चुकी है। आप हम लोगों के लिए माता-पिता दोनों हो गईं। मुझे याद है, आप बहुत सुंदर व सुघड़ स्त्री थीं। जब मैं बड़ी हुई तब आपके जैसी ही बनना चाहती थी। आप मुझे कहतीं कि सच्चा होना चाहिए और उस पेड़ की तरह विनम्र होना चाहिए, जो फल से लदा होता है और अपनी कृतज्ञता ज्ञापित करने हेतु धरती को छूने के लिए नीचे झुक जाता है। आपने मुझे सिखाया कि मैं भी आपकी तरह ही गुरु नानक से प्रेम करूँ। और जिस तरह हमारे गुरु मानवता से प्रेम करते थे, उसी तरह से मैं भी मानवता से प्रेम करूँ।

लेकिन जीवन में सबकुछ अच्छा-अच्छा ही नहीं था, क्योंकि जब मैं बच्ची थी, तब मुझे लगता था कि आप मुझे प्यार नहीं करती हैं। हालाँकि यह बात सही नहीं थी, लेकिन फिर भी मुझे हमेशा यही लगता था कि आप मेरी बड़ी बहन को मुझसे अधिक प्यार करती थीं। मैंने एक बार आपसे यह पूछा भी था कि आप हमेशा कोई चीज पहले उसी को ही क्यों देती हैं, तब आपने जवाब दिया था कि वह मुझसे पाँच साल बड़ी है और उसका विवाह पहले होगा। वह मुझसे पाँच साल पहले घर छोड़कर चली जाएगी। तब मैं छोटी थी और मुझे इस बात का कुछ भी मतलब समझ में नहीं आया था।

हाँ, मेरे भाइयों को भी मुझसे ज्यादा तरजीह दी जाती थी, क्योंकि उन दिनों लड़कों को खास समझा जाता था। इसलिए मैं इस समझ के साथ बड़ी हुई कि मुझे ही सबसे अंत के लिए छोड़ दिया जाता है।

हालाँकि यह बात मेरे लिए वरदान साबित हुई। मैं पूरी मेहनत से हर काम अच्छे-से-अच्छा करने की कोशिश किया करती, ताकि आपका ध्यान मेरे ऊपर जाए और मुझे आपका प्यार मिले। और जब आप यह कहतीं—"गुड्डी रानी, बड़ी सयानी!" तो जैसे मुझे मेरा पुरस्कार मिल जाता। इन शब्दों को सुनकर मेरा दिल खुशी से भर जाता था।

मैंने पूरी कोशिश की कि निष्ठा, प्रेम, सच्चाई और दयालुता की आपकी विरासत को सदैव जिंदा रख सकूँ। मुझे याद है कि आप आवारा कुत्तों व चिड़ियों को खाना खिलाया करती थीं और जो कोई भी आपके सामने आता था, उसके प्रति सहिष्णु रहती थीं।

ईश्वर आपको शांति प्रदान करें।

Jeet Nabha Khemka

(राजकुमारी जीत नाभा खेमका और उनका परिवार वेंचर कैपिटलिस्ट है। उन्होंने अपने पिता नाभा रियासत के महाराज रिपुदमन सिंह पर पुस्तक लिखवाई, जिसमें इस बात का पता चलता है कि अंग्रेजी सरकार की आज्ञा का पालन न करने के कारण एक भारतीय देशभक्त को निर्वासित कर दिया गया। उनके साथ कोडईकनाल में बिताए गए समय की उनके पास जीवंत स्मृतियाँ हैं। वहीं बंदी अवस्था में उनकी मृत्यु हुई। अपनी पुश्तैनी रियासत में 'नंद एवं जीत खेमका फाउंडेशन' विकास से जुड़ी योजनाओं पर काम करता है। वे लंदन में अपने बच्चों एवं पति नंद खेमका के साथ रहती हैं।)

विजय खट्टर

मम्मी,

वैसे तो जन्म से ही आपको दिखाई और सुनाई नहीं देता था, लेकिन आपके जैसा भाव-व्यंजक व्यक्तित्व मैंने नहीं देखा। आपके आसपास के बहुत से लोग उम्र के साथ थक-हार गए, लेकिन आप उसी तरह से प्रसन्न भाव के साथ निडर बनी रहीं। मैं हमेशा सोचती थी कि आप दुनिया को किस तरह से देखती होंगी। मुझे मौन के भार से डर लगता था। लेकिन जब आपको देखती—जीवंत व शरारती तो किसी तरह की चुनौती का सामना करने में आपकी हरी आँखें उत्साह से चमकने लगती थीं।

हमारी अपनी भाषा थी, जो कई वर्षों में आवयविक ढंग से विकसित हुई थी। इसके कारण हमारे बीच का रिश्ता कुछ और खास हो गया था। आपको कभी सांकेतिक भाषा सीखने का मौका नहीं मिला था; लेकिन इससे आपको संवाद करने से रोका भी नहीं जा सकता था। यह आपकी अभिव्यक्ति की शक्ति थी। जो आपको जानते थे, वे आपको समझ जाते थे।

पापा एवं आपके बीच का रिश्ता असाधारण था और आपकी प्रेम कहानी उस तरह की थी, जैसी कि हम पुस्तकों में पढ़ते आए हैं। आपके इस सपने का आपके भाई-बहन मजाक उड़ाते थे कि सफेद घोड़े पर सवार होकर एक राजकुमार आएगा और आपसे आपका हाथ माँगेगा। उनको लगता था कि आपसे कौन विवाह करेगा? लेकिन आप निश्चिंत थीं कि वह आएगा, और वह आया भी। मेरे पापा को मेरे नाना-नानी को यह समझाने में दो साल लग गए कि वे वास्तव में आपसे बहुत प्यार करते हैं और वन विभाग में रेंजर के रूप में उनको जो थोड़ा-बहुत वेतन मिलता था, उसमें वे आपकी जिम्मेदारी बखूबी वहन कर पाएँगे। अपने आप को साबित करने के लिए उन्होंने एक जंगल का ठेका ले लिया और इमारती लकड़ी के कारोबार में आ गए। आपने राजा-रानी की दुनिया का जो सपना देखा था, वह सच साबित हुआ।

मेरे पापा हमेशा कहते थे कि आप उनके लिए बहुत भाग्यशाली रहीं। आप जिस पल से उनके जीवन में आईं, भाग्य उनका साथ देने लगा। विवाह के बाद व्यवसाय में उनका भाग्य चमकने लगा और बाद में वे श्रीनगर से सांसद भी चुने गए। आप हमेशा उनके साथ खड़ी रहीं—मुस्कराती हुई, अडिग भाव से। वे आपके ऊपर बहुत गर्व करते थे और आपको हर जगह अपने साथ लेकर जाते थे, फिर चाहे वह दिल्ली की संसद हो या श्रीनगर में आयोजित कोई कार्यक्रम हो। आपका आकर्षण और शरारती हास्य-बोध सभी लोगों का दिल जीत लेता था। मेरे पापा होटल 'ब्रॉडवे' चलाते थे और हमारा एक बहुत प्यारा सा घर था। जब कश्मीर में राजनीतिक उपद्रव शुरू हुआ तो हम लोगों को वह सब छोड़कर आना पड़ा। अधिकतर हिंदुओं की तरह हम लोगों को भी मजबूर होकर वहाँ से निकलना पड़ा, क्योंकि हमें मारने की धमकियाँ भी मिलने लगी थीं। आपने अपने शांत स्वभाव से इस प्रतिकूल और कठिन समय को भी परिवार के लिए अनुकूल बना दिया।

आपको सांसारिक चीजों से कोई लगाव नहीं था। मुझे अभी भी याद है कि लालबहादुर शास्त्री के शासनकाल में देश की अर्थव्यवस्था को मजबूत बनाने के लिए सोना देने का आह्वान किया गया तो आप अपने सारे आभूषण देने के लिए तत्पर हो गई थीं। आपका स्वभाव ही ऐसा था। मुझे हमेशा लगता था कि आप धरती पर ईश्वर के किसी अवतार के समान थीं।

मुझे निश्चित तौर पर लगता है कि आप जहाँ भी होंगी, आपको शांति मिल गई होगी।

प्यार के साथ,

—विजय

(विजय खट्टर एक पारिवारिक फाउंडेशन चलाती हैं, जिसका जोर शिक्षा पर है। जब कश्मीर में हिंदुओं पर हिंसा होने लगी तो आपके परिवार को मजबूर होकर कश्मीर छोड़ना पड़ा, होटल 'ब्रॉडवे' एवं 'ब्रॉडवे' सिनेमा जैसे व्यवसायों को छोड़ देना पड़ा। उनके पुत्र रोहित खट्टर एक ग्लोबल व्यवसायी और फिल्म निर्माता हैं। उनके लंदन, अमेरिका और भारत में रेस्तराँ हैं। वे मुंबई मंत्रा मीडिया तथा सिनेस्तान एंटरटेनमेंट के अध्यक्ष हैं और फिल्मकार राकेश ओमप्रकाश मेहरा के साथ काम करते हैं। विजय अपने परिवार के साथ दिल्ली में रहती हैं।)

लॉर्ड जितेश गढ़िया

प्यारी माँ,

सिवाय आपके जन्मदिन और मदर्स डे के दिन कार्ड पर आपके लिए छोटे-छोटे संदेश लिखने के अतिरिक्त मैंने आपके लिए इस तरह सार्वजनिक रूप से कभी कुछ नहीं लिखा। जबकि कुछ समय पहले मैंने सबके सामने आपकी तुलना विद्या की देवी सरस्वती के साथ की थी। यह किसी तरह की अतिरंजना नहीं थी।

माताएँ अपने बहुत से सपने छोड़ देती हैं, ताकि उनके बच्चों को जीवन में सफलता मिल सके। आपके ऊपर भी यह बात पूरी तरह से लागू होती है। आपने असंख्य त्याग किए, ताकि मेरा भाई केतन और मैं अपनी पूरी संभावनाओं को प्राप्त कर सकें। शर्त-रहित प्यार देने के अतिरिक्त आपने जो सबसे मूल्यवान उपहार हमें दिया, वह आपके ज्ञान और मूल्यों का था। यह महान गुण आपके डी.एन.ए. का हिस्सा है, जिसे आपने अपने पिता गिरधर लाल संगानी से विरासत में पाया था। वे म्वांजा, तंजानिया में आगा खान स्कूल तथा चोपड़ा सेकेंडरी स्कूल में हेड मास्टर थे। उन्होंने आपको भी मोंटेसरी की अध्यापिका होने के लिए प्रेरित किया और आप पूर्वी अफ्रीका में नवोन्मेषी ढंग से नर्सरी शिक्षा देनेवालों में सबसे योग्य पेशेवर हो गईं।

एक परंपरागत परिवार से आने के कारण मुझे पता है कि आपकी अपने माता-पिता के साथ लगातार इस बात पर बहस होती रहती थी कि पेशेवर कॅरियर तथा भविष्य की गृहिणी के बीच किस तरह से संतुलन बनाया जाए। सौभाग्य से आपकी माँ रंभाबेन बेजोड़ सामाजिक संगठनकर्ता थीं, जिन्हें लोगों को खाना खिलाने और परिजनों व मित्रों को परंपरागत आचार-विचारों तथा कर्मकांडों के विषय में सलाह देने में आनंद आता था, जिसके कारण आपको अकादमिक शिक्षा एवं व्यावहारिक गृहकार्य दोनों को ही सीखने का लाभ प्राप्त हुआ।

युगांडा से ब्रिटेन आने के बाद आपने अपने इन कौशलों का उपयोग स्वयं सेवा के रूप में करना शुरू कर दिया। चालीस से अधिक वर्षों तक आपने हर सप्ताह रविवार के दिन इंग्लैंड भर में हजारों बच्चों को हिंदू तथा अन्य धर्मों की शिक्षा देना प्रारंभ किया।

हाल में ही महात्मा गांधी की 150वीं जयंती मनाई गई। उन्होंने कहा था, "गीता मेरे लिए केवल बाइबल या कुरान नहीं है। यह मेरे लिए उससे बढ़कर है—मेरी माँ है।" इसी प्रकार, वैदिक सभ्यता में गुरु को विशेष स्थान दिया गया है। वास्तव में, किसी और परंपरा में गुरु को इतना सम्मान नहीं दिया जाता है।

मेरे लिए आप 'गीता' और गुरु, दोनों का मिला-जुला रूप थीं—सच्चे रूप में आधुनिक सरस्वती। यह जानना भी दिलचस्प है कि सरस्वती का सबसे पुराना उल्लेख ऋग्वेद में हुआ है, जो सबसे पुराना वैदिक ग्रंथ है, जिसकी रचना 1,500 ईसा पूर्व हुई थी। जब सन् 2016 में मुझे हाउस ऑफ लॉर्ड्स में जगह दी गई तो महारानी के प्रति सत्यनिष्ठा की शपथ लेते हुए मैंने इसी ग्रंथ का उपयोग किया था। ऐसा लगता है कि मुझे हर मोड़ पर सरस्वती का मार्गदर्शन मिलता है।

आपका प्यारा बेटा,

Jitesh

(लॉर्ड जितेश गढ़िया ब्रिटिश इन्वेस्टमेंट बैंकर हैं। उन्होंने हाउस ऑफ लॉर्ड्स में ऋग्वेद की सत्यनिष्ठा की शपथ ली थी, जो शायद संसार का सबसे पुराना धार्मिक ग्रंथ है। द्वितीय विश्वयुद्ध के दौरान ब्रिटेन की ओर से भारत ने तेरह लाख से अधिक सैनिक, आज की कीमत पर देखा जाए तो बीस अरब पाउंड टन अस्त्र-शस्त्र, नर्सें तथा पशुओं का बड़ा योगदान किया था, जिसकी स्मृतिस्वरूप युद्ध विराम दिवस को उन्होंने घर में बुनी खादी की शुरुआत की। वे लंदन में अपने बच्चों एवं अपनी पत्नी एंजेली गढ़िया के साथ रहते हैं।)

एक माँ अपनी सिलाई मशीन का गर्व से प्रदर्शन करती हुई। यह उसे अपने घर से दूर हुए बिना, अपने बच्चों और घर की जिम्मेदारियों की उपेक्षा किए बिना, टेलरिंग का काम कर आय अर्जित करने में सहायक होगी। इससे अर्जित आय से वह अपने परिवार के लिए बेहतर भोजन और बेटियों व बेटे के लिए बेहतर शिक्षा के लिए व्यय कर सकेगी।

रेहाना : एक पीड़िता की कहानी

अम्मी,

हमारे घर के बारे में लोग कहते हैं कि वह दिल्ली की सबसे बड़ी झुग्गी बस्ती है और लगभग 5,00,000 लोग यहाँ रहते हैं। लेकिन मेरे लिए तो यह घर है। हम यहाँ उत्तर प्रदेश के अपने गाँव से आए थे, क्योंकि हम बहुत गरीब थे। वहाँ हमारा कुछ भी नहीं था—न जमीन, न रोजी-रोजगार। हमारे पास खाने के लिए भी थोड़ा-बहुत ही होता था। अब्बा यहाँ आए और उन्होंने चाय का एक छोटा सा स्टॉल लगाया। यह सोचकर कितना उत्साहवर्धक लगता है कि हमारे प्रधानमंत्री मोदी जी के पिताजी भी रेलवे स्टेशन पर चाय की दुकान चलाते थे। मैंने उन्हें टी.वी. पर देखा है। यह देखकर उम्मीद जगती है कि खुद पर विश्वास हो और मेहनत की जाए तो शायद बड़े होने पर हम भी मंत्री बन सकते हैं। सरकारी नौकरी अच्छी होती है, क्योंकि उसमें पेंशन भी मिलती है।

मेरे तीन भाई भी पैसे कमाने के लिए काम करते हैं और परिवार की मदद करते हैं; लेकिन दैनिक मजदूर के रूप में काम करने से उनकी कमाई कुछ खास नहीं होती है। आप सुबह से शाम तक व्यस्त रहती हैं। हमारे परिवार को चलाने के लिए दूसरों के यहाँ साफ-सफाई करती हैं तथा खाना पकाती हैं। जब मैंने आपसे कहा कि मैं भी काम करके कमाना चाहती हूँ, तब आपने मेरा उत्साह बढ़ाया और कहा कि मुझे कमाना चाहिए। इसके बाद सब अल्लाह की मर्जी है। अल्लाह मालिक है। आजकल लड़कियाँ भी अच्छा काम कर सकती हैं।

किसी ने मुझे 'लिली चैरिटी' के बारे में बताया कि वहाँ मेरे जैसी लड़कियों को ब्यूटी कल्चर, सिलाई एवं अन्य चीजें सिखाई जाती हैं। मैंने यह तय किया कि मुझे व्यवसाय करना चाहिए। मैं ब्यूटीशियन बनना चाहती थी और उन्होंने मुझे मेकअप करने एवं हेयर ड्रेसिंग का प्रशिक्षण दिया। आपने ग्राहकों को घर बुलाने में मेरी मदद की। शुरुआत अच्छी थी और अब मैं पर्व-त्योहार के अवसर पर बड़े काम लेती हूँ। हर औरत सुंदर दिखना चाहती है और मैं उसमें उनकी मदद कर सकती हूँ। मैं अब हर महीने 2,000 से अधिक रुपए कमा रही हूँ। अब मैं खुश हूँ, क्योंकि मैं ईद पर नए कपड़े खरीद पाती हूँ!

लेकिन आप मुझे बड़े ब्यूटी पार्लर में नहीं जाने देंगी, जो यहाँ से दूर है और वहाँ पहुँचने में कम-से-कम एक घंटे का समय लगेगा। आपका कहना है कि वह सुरक्षित नहीं है। हो सकता है कि बस से मुझे कोई उठा ले और मैं लापता हो जाऊँ। यह एक लड़की के साथ हुआ भी था। हम लोगों ने सुना था कि लड़कों के एक झुंड ने उसको घेर लिया था और फिर उसके मिलने के बारे में हमने कुछ नहीं सुना।

मैं सैलून में काम करके कुछ अनुभव हासिल करना चाहती हूँ; लेकिन मैं घर से ही काम कर रही हूँ। मैं जितना हो सके, उतनी बचत करना चाहती हूँ, जिससे कि एक दिन अपना खुद का सैलून खोल सकूँ। मेरी कुछ ग्राहक महिलाएँ हैं, जो शादी या दूसरे तरह के मौकों पर मुझसे तैयार होने आती रहती हैं। मैं त्योहारों का इंतजार करती हूँ। वही समय होता है, जब मैं कुछ अधिक कमाई कर पाती हूँ और मेकअप के अन्य सामान खरीद पाती हूँ।

फिलहाल मैं इतना ही कर पाती हूँ, लेकिन मैं इससे भी खुश हूँ।

—रेहाना

शीला : एक पीड़िता की कहानी

अम्मा,

मुझे उस गाँव का नाम याद नहीं है, जहाँ मैं पैदा हुई थी। वह गाँव बिहार में था। मैं आपको भी याद नहीं करना चाहती, क्योंकि मेरे पास आपको बताने के लिए कुछ अच्छा नहीं है।

मैंने बिना सोचे-समझे आप लोगों को बहुत पहले छोड़ दिया। अपने भाइयों-बहनों को तथा अपने इस भयानक जीवन को न तो याद करना चाहती हूँ, न ही किसी को इसके लिए दोषी ठहराना चाहती हूँ। हम लोग इतने गरीब थे कि हमारा खाना-पीना भी बड़ी मुश्किल से चल पाता था। आप इमारत बनाने में एक मजदूर के रूप में काम करती थीं। किसी तरह से हमारा जीवन गुजर रहा था। मैं वहाँ से निकलने के लिए बेताब थी। तभी मुझे एक लड़का मिला और उससे मुझे प्यार हो गया, उस समय मेरी उम्र चौदह साल ही थी। हमारे पास पैसे नहीं थे, इसलिए हमने कुछ पैसे चुराए और वहाँ से भाग निकले, एक सुखद भविष्य की तलाश में। भागकर हम अजमेर पहुँचे। अजमेर के हजरत फकीर हम लोगों का खयाल रखते थे! जिंदगी मजे से चलने लगी। मैं इतनी खुश पहले कभी नहीं हुई थी। हमारे पैसे जल्दी ही खत्म हो गए। मेरे प्रेमी ने कहा कि हमें काम करके कमाना होगा और मैं इसके लिए तैयार हो गई। लेकिन तभी कुछ ऐसा हुआ, जिससे मुझे बहुत सदमा पहुँचा। वह मुझे लेकर एक होटल में गया और वहाँ मुझे एक अजनबी के साथ कमरे में बंद कर दिया। मैं रोने लगी, गिड़गिड़ाने लगी, उस आदमी से मिन्नतें करने लगी कि मुझे किसी तरह का नुकसान न पहुँचाए। लेकिन उस आदमी ने कहा कि उसने मेरे बदले मेरे पति को अच्छे-खासे पैसे दिए हैं, इसलिए मुझे उसको खुश करना होगा। मेरा दिल टूट गया। रातों-रात मेरी जिंदगी बदल गई। मैं एक पत्नी से एक वेश्या बना दी गई। अब हर रात मेरा पति मुझे लेकर होटल जाता और मुझे अलग-अलग लोगों के साथ सोने के लिए मजबूर करता। समय बीतता जा रहा था। मेरे बच्चे हुए। मैं मन और शरीर से बीमार रहने लगी। मैं वह काम नहीं करना चाहती थी, जो मुझसे जबरदस्ती करवाया जा रहा था। जब भी मैं धंधा करने से मना करती तो वह मुझे बुरी तरह मारता-पीटता और धमकी देता कि वह मेरे बच्चों को मुझसे छीन लेगा। मैंने उसके ऊपर भरोसा किया था, लेकिन उसने मुझे धोखा दिया—मुझे बेच डाला, पैसों के लिए हर रात मुझे बेचने लगा। मैं क्या कर सकती थी? मैंने अपने भाग्य को स्वीकार कर लिया और अपने बच्चों की भरसक रक्षा करने की कोशिश करती रही। मैं अपने बच्चों के लिए कुछ भी कर सकती थी। मेरे जीवन का अब एक ही मकसद रह गया था—अपने बच्चों को बेहतर जीवन देना।

मुझे किसी ने अजमेर में 'लिली चैरिटी' के सहयोग से चलने वाली एक संस्था के बारे में बताया, जहाँ यौनकर्मियों को अपना धंधा छोड़कर दूसरी तरह के रोजगार के लिए प्रशिक्षित किया जाता था। मैंने कांथा कढ़ाई और सिलाई का काम सीखना शुरू कर दिया। लेकिन मुझे अच्छी कमाई करने में अभी वक्त लगेगा। इसलिए फिलहाल मैं वेश्यावृत्ति ही कर रही हूँ, ताकि अपने बच्चों की स्कूल की पढ़ाई का खर्चा उठा सकूँ, किंतु अब मैं खुद को पहले से मजबूत महसूस कर रही हूँ। मेरा पति अभी भी है और मेरे ऊपर वेश्यावृत्ति के लिए दबाव बनाता रहता है, लेकिन मुझे पूरा भरोसा है कि मेहनत करने से मैं आगे चलकर सिलाई से इतना कमाने लगूँगी कि यह काम पूरी तरह से छोड़ सकूँ और उस आदमी को भी छोड़ दूँ जिसने मुझसे छल किया। मेरी उम्र अभी उन्नीस साल ही है, लेकिन ऐसा महसूस होता है, जैसे मैं बहुत बूढ़ी हो गई हूँ। आशा करती हूँ कि जल्दी ही मैं कुछ अच्छा कर सकूँगी माँ¨!

—शीला

अरुणा वासुदेव

हैलो मम्मा,

मैं जीवन में जो करना चाहती थी, उसको करने का साहस मुझे आपने ही दिया। 1960 के दशक में जब डैडी संयुक्त राष्ट्र में काम कर रहे थे और हम न्यूयॉर्क में रहते थे तब एक दिन मैंने आपके सामने यह ऐलान कर दिया कि पढ़ाई के लिए मुझे पेरिस जाना है। आपने और डैडी ने एक ही बात कही, “लेकिन तुमको तो फ्रेंच आती ही नहीं!” मैंने जवाब दिया था, “कोई बात नहीं, मैं सीख लूँगी।” तो आपने मुझे जाने दिया और अपनी नई जिंदगी शुरू करने का अवसर दिया। उन दिनों बहुत कम भारतीय लड़कियों को ऐसी आजादी दी जाती थी। आपको भी आपके पिता सर गोकुल चंद नारंग ने इसी तरह की उदारवादी शिक्षा दी थी, इसलिए आपने मुझे कभी जल्दी विवाह करने के लिए नहीं कहा। जब मैंने फ्रेंच सीख ली, पेरिस के सोर्बोन में भारतीय सिनेमा पर पी-एच.डी. की और पढ़ाई के बाद पुस्तकें लिखने लगीं, जिनमें से एक पुस्तक फ्रेंच भाषा में भी थी, तब आपको बहुत गर्व महसूस होता था।

आप मुझे प्यार करती थीं और जिंदगी के हर कदम पर आपने मुझे दिशा दिखाई। जब मैं लगभग आठ साल की थी, तब एक दिन मेरे पेट में भयंकर दर्द हुआ, जिसको डॉक्टर समझ नहीं पाए। मुझे याद है कि आप मेरे बिस्तर के पास बैठकर प्रार्थना कर रही थीं कि “इसका दर्द दूर कर दीजिए और दर्द मुझे दे दीजिए।” सौभाग्य से, दोनों में से किसी को भी कुछ नहीं हुआ, क्योंकि बीमारी का पता चल गया और उसका इलाज भी हो गया। शिफॉन की आपकी साड़ियाँ, आपके घुँघराले बालों के साथ आपकी प्यार भरी मौजूदगी ही मेरे जीवन के लिए सबकुछ थीं।

कई साल के बाद जब मैंने आपको बताया कि मैं अपने स्वीडिश पति से अलग होकर सुनील से विवाह करना चाहती हूँ, तब भी आपने इस बात पर किसी तरह की आपत्ति नहीं की। आपने जीवन की वह दिशा दिखाई, जिससे सुनील और हमारी बेटी के साथ में सत्रह शानदार साल बीते। सुनील की कम उम्र में ही मृत्यु हो गई। हम एक ही घर में आपके ऊपर वाले फ्लैट में रहते थे, जहाँ आपके अलावा मेरी बहन भी थी। उसके बाद आप चली गईं। और अब तो बहन भी नहीं रही।

इतने वर्षों बाद जो बात मुझे सबसे ज्यादा याद आती है, वह यह है कि मैं अपनी जिंदगी जिस तरह से भी जीना चाहती थी, उसमें आपने मेरा पूरी तरह साथ दिया। आप ‘हिंदुस्तान टाइम्स’ में प्रकाशित होने वाले मेरे स्तंभ नियमित रूप से पढ़ती थीं। सैकड़ों लेख मैंने लिखे और मेरे लिखे उन लेखों पर आप अपनी राय भी देती थीं। जब मैंने सिनेफैन फिल्म फेस्टिवल की स्थापना की और एशियाई सिनेमा का सिनेमाया फेस्टिवल ऑफ एशियन सिनेमा आयोजित किया तो आपको फिल्में देखने में आनंद आता था। मेरी दिलचस्पी आपकी दिलचस्पी बन गई थी।

आपको गए लगभग बीस साल हो गए हैं। मैं लगभग हर सुबह आपके बारे में सोचते हुए या आपको याद करते हुए ही उठती हूँ। मुझे एक ही बात का अफसोस है कि मैं आपके आखिरी वर्षों में आपके लिए कुछ अधिक नहीं कर पाई। लेकिन मेरे अंदर यह उम्मीद है कि अगले जन्म में मैं आपको फिर से पा लूँगी।

अभी और सदा के लिए मेरा सारा प्यार,

(डॉ. अरुणा वासुदेव रॉय, भारतीय लेखक, संपादक, फिल्मकार एवं एशियाई सिनेमा की विद्वान् हैं। वे सिनेफैन फेस्टिवल ऑफ एशियाई सिनेमा तथा नेटपैक (NETPAC) की संस्थापक रही हैं। उनको फ्रेंच सम्मान ‘ऑफिसर ऑफ द ऑर्डर ऑफ आर्ट्स एंडलेटर्स’ मिला। उन्हें सिनेमालिया इंटरनेशनल फिल्म फेस्टिवल में लाइफटाइम अचीवमेंट अवार्ड मिल चुका है। यूनिवर्सिटी ऑफ पेरिस से उनकी जो पी-एच. डी. है, उसका ‘लिबर्टी एंड लाइसेंस इन दि इंडियन सिनेमा इन 1979’ के नाम से प्रकाशन हुआ। वे लगन से योगाभ्यास करती हैं और दिल्ली में रहती हैं।)

11
cdc

मिल्खा सिंह

मेरी प्यारी माँ,

मैंने आपके साथ जो थोड़ा समय ही बिताया, उसमें आपने मुझे आँखें मूँदकर प्यार किया, इसके लिए मैं आपका शुक्रगुजार हूँ। मेरी उम्र अब 90 साल हो चुकी है। जिस तरह से आप अपने आठ बच्चों, यानी हम भाई-बहनों की देखभाल करती थीं, वह मुझे आज भी याद है। मुझे आपको शुक्रिया कहने का कभी मौका नहीं मिला, क्योंकि आपका अंत अचानक ही आया, जो बहुत ही तकलीफदेह था। उसकी स्मृति मुझे आज भी बेचैन करती है।

मुल्तान (पंजाब) के पास गोविंदपुर में हमारा घर था। हरे-भरे खेत थे, सबकुछ स्वर्ग जैसा था। मुझे याद है कि पिताजी आँगन में चारपाई पर बैठे रहते थे और आप हम लोगों का खूब ध्यान रखती थीं। आप सुबह के चार बजे उठकर गाय दुहतीं, गेहूँ पीसतीं, हमारे लिए खाना पकातीं, कपड़े धोतीं, घर की सफाई करतीं और घर के अन्य सारे काम भी करती थीं। आप एक मजबूत व प्यारी महिला थीं, लंबी व गोरी। पापा किसी गलत कारण से मेरी पिटाई करते थे तो आप मेरी रक्षा कवच बन जाती थीं—चाहे उसके लिए आपको झूठ ही क्यों न बोलना पड़ जाए। मेरी प्यारी बहन ईशर कौर मेरे गिलास में अपने हिस्से का दूध भी डाल देती थी, क्योंकि वह जानती थी कि मुझे दूध बहुत पसंद है। तभी हम लोगों ने सुना कि भारत का विभाजन होने वाला है। मुझे याद है कि हमारे शांतिप्रिय गाँव के बड़े-बूढ़े यह तय करने की कोशिश में लगे थे कि अपने पुरखों की धरती पर रहा जाए या छोड़ दिया जाए। लेकिन छोड़कर जाएँ भी तो जाएँ कहाँ? पिताजी ने यह फैसला किया कि हम लोगों को यहीं रहने के अधिकार के लिए लड़ना चाहिए। लेकिन किस चीज से लड़ा जाए? हमारे पास हथियार भी नहीं थे। थे भी तो बस धर्म के नाम पर रखे जाने वाले किरपान और कुछ तलवारें। अचानक एक दिन घोड़े पर सवार होकर मुसलमानों की भीड़ बिना किसी चेतावनी के आई और हमारे ऊपर गोलियाँ बरसाने लगी। पिताजी ने कहा, "भाग मिल्खा! भाग! पीछे मुड़कर मत देखना!" डर के मारे मैंने उनके आदेश का पालन किया और भागता रहा। काफी समय के बाद जब शांति हुई तो मैं वापस गाँव लौटा। वहाँ का मंजर बहुत ही दिल दहलाने वाला था। उन लोगों ने गाँव में सबको मार डाला था—आप सबको भी। लाशों का ढेर लगा हुआ था। आपसे जुड़ी मेरी आखिरी याद यही है—आपकी लाश पर फूट-फूटकर रोने की। वह दु:स्वप्न मेरे मन में लगातार चलता रहता।

किसी तरह मैं पाकिस्तान से भारत जाने वाली ट्रेन में सवार हुआ और भारत अकेला ही आ गया। इसे चमत्कार ही कहा जाएगा कि ईशर और उसके पति मुझे दिल्ली में एक शरणार्थी शिविर में मिल गए। खाने व रहने की जगह की कमी थी और मैं एक ऐसे गिरोह के हाथों में पड़ गया, जो चाकू से लड़ रहे थे। मुझे भी जेल भेज दिया गया। मेरे जीवन में नया मोड़ तब आया, जब मैं भारतीय सेना में शामिल हो गया। मैं बहुत तेज दौड़ सकता था और मुझे सेना की टीम में चुन लिया गया। मेरे लिए वह दिन बहुत गौरव भरा था, जिस दिन मुझे टीम का नीला ब्लेजर पहनकर अपने देश के लिए खेलने का मौका मिला। मैंने अंतरराष्ट्रीय प्रतियोगिताओं में हिस्सा लिया और कई दौड़ें जीतीं। जब पाकिस्तान ने भारतीय टीम को आमंत्रित किया तो मैंने भाग लेने से मना कर दिया, क्योंकि भारत-विभाजन की दु:खदायी स्मृतियाँ अभी भी मेरे मन में ताजा थीं। लेकिन नेहरूजी ने मुझे जाने के लिए कहा और इस तरह मैं अपने गाँव पहुँच गया। उस प्रतियोगिता में मैंने पाकिस्तान के सबसे बड़े एथलीट अब्दुल खालिक को हराया। मुझे अपने कानों में अपने पिता की आवाज गूँजती सुनाई दे रही थी, 'भाग मिल्खा! भाग!'—और तब विभाजन के प्रेत मेरा पीछा करने लगे थे। पाकिस्तान के राष्ट्रपति जनरल अयूब खान ने मुझे नाम दिया, 'उड़न सिख!'

मुझे बहुत से सम्मान मिलें, जिसमें भारत सरकार से मिला 'पद्मश्री' सम्मान भी है। आपका पोता, मेरा बेटा गोल्फ चैंपियन है और उसे भी 'पद्मश्री' मिल चुका है। मैं अभी भी स्वस्थ व सक्रिय हूँ और अपनी पत्नी के साथ चंडीगढ़ में रहता हूँ। बच्चे पूरी दुनिया में रहते हैं। किसने यह कल्पना की होगी कि मेरे जैसा एक अनाथ, अपने वतन से दर-ब-दर एक दिन चैंपियन बनेगा और वह जीवन जिएगा, जो मैंने जिया है? यह सब इसलिए हो पाया, क्योंकि मेरे कंधे पर ईश्वर का हाथ था और आपका आशीर्वाद।

ईश्वर आपकी आत्मा को शांति दें।

—मिल्खा

(मिल्खा सिंह खेल के आइकॉन थे। सन 1958 में राष्ट्रमंडल खेलों और एशियाई खेलों में उनको स्वर्ण पदक मिले थे। वे बहुत बड़े धावक थे। मजे के लिए वे ट्रेन के साथ दौड़ लगाते थे। उनका कहना था कि ट्रैक किताब की तरह होता था, जिसमें वे जिंदगी के मकसद को पढ़ते थे। सन् 1947 की हिंसा में मारे जाने वाले करीब 20 लाख लोगों में उनके माता-पिता भी थे। उनके ऊपर राकेश ओमप्रकाश मेहरा ने सन् 2013 में बायोपिक बनाई थी, जो बहुत सफल फिल्म थी। उन्होंने फिल्म के अधिकार मात्र 1 रुपए में ही दे दिए थे और अपने हिस्से का मुनाफा दान में दे दिया था। वे अपनी पत्नी निर्मल कौर के साथ रहते थे। 2021 में कोरोना के कारण उनकी पत्नी की मृत्यु हुई और एक सप्ताह के बाद ही महान धावक मिल्खा सिंह को भी कोरोना ने अपनी चपेट में ले लिया। भारत के लोग इस महान खिलाड़ी को कभी नहीं भुला सकते।)

रघु राय

माँ,

छह बेटियों और चार बेटों का उनका एक बहुत बड़ा परिवार था, जिसे एक मध्यवर्गीय परिवार में सँभाल पाना बहुत मुश्किल होता है। मेरे पिता सरकारी नौकरी में थे और कई बार वे शाम सात बजे तक दफ्तर में ही काम करते रहते थे। इसलिए उनके पास न तो समय था और न ही वे आकर मेरी माँ की मदद कर पाते थे।

जब भारत-पाकिस्तान का विभाजन हुआ था, तब मैं छोटा बालक ही था। मैं इस बात को शायद ही समझता था कि किसी की मदद के बगैर दस बच्चों की देखभाल कर पाना कितना मुश्किल था। माँ को हम सभी लोगों के लिए खाना पकाना पड़ता था, घर की सफाई करनी पड़ती थी और हमारे कपड़े भी धोने पड़ते थे। लेकिन शायद मैंने कभी अपनी माँ को उदास होते हुए नहीं देखा; हालाँकि वे बहुत थक जाती थीं। वे बहुत अच्छा खाना पकाती थीं। वे जब दाल तड़का बनाती थीं तो वह बहुत स्वादिष्ट लगती थी। वे पराँठे बनाती थीं, जिसमें ताजा मक्खन लगाती थीं और फिर अतिरिक्त मक्खन ऊपर से लगाकर मेरी प्लेट में देती थीं। वह बहुत स्वादिष्ट लगता था और मेरे मुँह में घुल जाता था। वह जो भरवाँ भिंडी और बैंगन का भुरता बनाती थीं, वह बहुत स्वादिष्ट होता था। यहाँ तक कि वे कद्दू जैसी बेमन की सब्जी बनाती थीं तो वह भी खाने लायक हो जाती थी। बाद में, मेरी बड़ी बहनें रोजमर्रा के काम में उनकी मदद करने लगी थीं। लेकिन मेरी माँ ने एक ऐसा जादुई धागा बुन रखा था कि मेरे बड़े परिवार को खुश रख सकें और कम खर्चे में ही सभी को एक रख सकें। यह सब इस वजह से था कि वे बहुत प्यारी और बहुत सहिष्णु थीं। मेरे खयाल से, हम सभी भाई-बहनों को अपने-अपने हिस्से के प्यार के लिए उनका आभारी होना चाहिए, जो हमें उनसे मिला।

घर के कामों से वे बहुत थकी हुई रहती थीं, तब भी मेरी माँ पंजाबी में यह कहते हुए दूसरे काम के लिए खड़ी हो जाती थीं, "आप न मरिए, ते स्वर्ग न जाइए।" मैं बहुत छोटा था, इसलिए इस बात को तब समझ तो नहीं पाता था; लेकिन यह सुनने में अच्छा लगता था। उनके कहने का तात्पर्य यह था कि अगर आप कड़ी मेहनत के प्रति समर्पित रहेंगे, तो वह आपको ऊँचाई तक ले जाएगा। आज मैं जितना ही निवेश करता हूँ, उतना ही बेहतर होता जाता हूँ। अब 76 साल की उम्र में भी जीवन के नए-से-नए गली-कूचों के अन्वेषण का, अपने कैमरे से दुर्लभ पलों को कैद करने का, रोजमर्रा के जीवन से जुड़ने का जुनून अभी भी बरकरार है और उसने मुझे इतना समृद्ध किया, जितनी मुझे उम्मीद भी नहीं थी। मेरे लिए यह जीवन की सुखद यात्रा रही है।

मेरी पत्नी और मुझे एक बेटा व तीन बेटियाँ हैं तथा पोते-पोतियाँ हैं। मुझे अपने परिवार से प्यार है। उनको गले से लगाना, उनके साथ खाना-पीना, उसी प्यार व दुलार की निरंतरता, जो मेरी माँ ने बचपन में हमें दिया था। यह माँ से सदा अनंत प्रवाहित नदी की तरह है।

—रघु राय

(रघु राय भारत के सुप्रसिद्ध छायाकार हैं। उन्होंने 30 पुस्तकों में इस उपमहाद्वीप की दर्शनीय छवि बनाई है। सन् 1977 में हेनरी कार्तिए ब्रेसाँ ने उनको मैगनम फोटोज के लिए नामांकित किया था। उनके चित्र 'टाइम', 'ले मोंडे', 'द न्यूयॉर्क टाइम्स', 'न्यूज वीक', वोग तथा अन्य पत्रिकाओं में प्रकाशित हो चुके हैं। अन्य पुरस्कारों के अलावा भारत सरकार से उनको 'पद्मश्री' सम्मान भी मिल चुका है। उनके छायाचित्रों को बी.बी.सी., सी.एन.एन. तथा भारत सरकार के वृत्तचित्रों में दर्ज किया गया है। वे दिल्ली में अपने बच्चों एवं पत्नी गुरमीत के साथ रहते हैं।)

खालिद मोहम्मद

अपनी एकमात्र माँ के लिए,

आपके कपड़े, सफेद मलमल और बॉर्डर वाली साड़ी, आपका बड़े आकार का चश्मा, आपके सफेद बालों में हल्की सी मुड़ी हुई लट, नीले मनकों वाली आपकी अँगूठी और प्रार्थना की आपकी चटाई—सब मेरे निजी संग्रहालय में संगृहीत हैं। मेरे जाने के बाद शायद उन्हें जरूरतमंदों को दे दिया जाएगा।

फयाजी माँ, मुझे लगता है कि जब आपकी एकमात्र संतान जुबैदा का एक हवाई दुर्घटना में देहांत हो गया, तभी से आपने मरने की ख्वाहिश पाल ली थी। आपने पूछा था, "क्या तुम्हें अंदाजा भी है कि कितनी तकलीफ होती है जब एक माँ की साँसें चलती रहती हैं और उसकी बेटी दुनिया से जा चुकी होती है? जिस जगह जहाज का मलबा गिरा था, वहाँ से हमें उसके शरीर के कुछ अंग मिले थे—सांगानेर और सिरोही के बीच में कहीं।"

"हम लोग उस जगह पर क्यों नहीं जाते हैं, माँ?" मैं जोर देकर कहता। "उदयपुर से गाड़ी से जाने में दो-तीन घंटे की ही दूरी पर है।"

"उस समय तुम बस दो साल के थे।" आप बड़े सब्र के साथ बताती थीं, "मैं वहाँ जा चुकी हूँ। वादा करो कि तुम कभी नहीं जाओगे। तुम्हारी आँखों से आँसू आएँगे और इससे मुझे और तकलीफ होगी। मेरे दिल के दर्द की दवा किसी हकीम या किसी डॉक्टर के पास नहीं है। तुम मेरी एकमात्र दवा हो, बुद्धू बालक! अब जाओ, मेरे नमाज का वक्त हो चुका है। अल्लाह मेरी कभी नहीं सुनता है; लेकिन शायद एक दिन वह मेरी सुन ले।"

हमारी कहानी और माँ का जीवन कल्पना जैसा लगता है। जब मेरी जैविक माँ जुबैदा का हवाई दुर्घटना में देहांत हो गया तो आपने ही मेरी देखभाल की। मुझे ईमानदारी से बताइए, क्या आपने मुझे अपना दूध पिलाया था? आपने मुझे बताया था कि मैं भूख के मारे रो रहा था, तब जैसे चमत्कारपूर्ण ढंग से आपका दूध उतर आया था। इसलिए देखिए, अल्लाह ने आपकी सुनी थी, नहीं तो मैं भी अपनी माँ की तरह चला गया होता। अगर मैं अपनी माँ के रूप में आपके स्थान पर अपनी जैविक माँ जुबैदा का नाम लूँ तो यह गद्दारी होगी। वे नहीं थीं, तब आपने ही मेरी रक्षा की थी और मुझे नया जीवन दिया था।

फयाजी माँ, यह आपकी 25वीं बरसी है। मैं आपको इस बात का यकीन दिलाना चाहता हूँ कि मैं ठीक हूँ। मैं पढ़ता हूँ, लिखता हूँ, टहलने जाता हूँ, जिससे अपने शरीर को ढलने से टाल सकूँ, जिसको आपने अपने ऊपर ओढ़ लिया था। "दोपहर की नींद के समय टी.वी. के सामने झुककर झपकी लेना बंद कीजिए।" मुझे गुस्सा आ जाता, लेकिन आप नहीं सुनती थीं। आप तो सुनने की मशीन लेने के लिए भी तैयार नहीं होती थीं, जिसके लिए आपका तर्क बहुत अजीब था। "तब तो मैं सच में बहरी हो जाऊँगी। कम-से-कम अभी मैं जो सुनना चाहूँ तो सुन तो सकती हूँ और तुम्हारी बातों को नजरअंदाज कर सकती हूँ। मैं अधिक दिन जीना नहीं चाहती।"

मेरे पिता ने मुझसे कभी संपर्क नहीं किया, यहाँ तक कि आपके जाने के बाद भी। वे पाकिस्तान चले गए और फिर वहाँ से इंग्लैंड। उन्होंने मैनचेस्टर की एक स्त्री से विवाह कर लिया और नए सिरे से अपनी जिंदगी शुरू की। हो सकता है कि अब वे दादा बन चुके हों, लेकिन क्या पता! कौन परवाह करता है! जिन दिनों मैं कॉलेज में पढ़ता था, तब मुझे इसकी कुछ परवाह भी थी। मन-ही-मन मैं अपने किसी प्रोफेसर को पिता की तरह देखने लगता था और बाद में जब पत्रकार बना तो अपने संपादकों में मुझे पिता की छवि दिखाई देने लगती थी। आपने मुझे चेतावनी देते हुए कहा था, "दूर रहो।" और आप सही थीं। सच्चे दिल से मुझे आप ही प्यार कर सकती थीं। आप मुझे सिर पर बिठाकर रखती थीं; लेकिन आप जब मुझ पर नाराज हो जाती थीं तो मुझे 'पप्पू' नहीं बुलाती थीं, जिस नाम से आप मुझे प्यार से बुलाती थीं।

—खालिद

(खालिद मोहम्मद एक भारतीय पत्रकार, लेखक, फिल्म समीक्षक और निर्देशक हैं। उन्होंने चार फिल्मों का निर्देशन किया है। वे अमिताभ बच्चन जैसे सिनेमा के सुपर स्टार की जीवनी लिख चुके हैं। उन्होंने 'जुबैदा' फिल्म का स्क्रीन प्ले भी लिखा था। फिल्म उनकी माँ के जीवन पर आधारित थी। जुबैदा एक अभिनेत्री थीं, जिन्होंने सन् 1950 में जोधपुर के महाराजा से विवाह किया था। वे मुसलमान थीं और उन्होंने हिंदू धर्म अपनाया था। उनको एक बेटा हुआ। दो साल बाद दोनों की एक हवाई दुर्घटना में मृत्यु हो गई। खालिद उन्हीं के पुत्र हैं, जो उनके पिछले विवाह से पैदा हुए थे।)

मॉरीन लिपमैन

मेरी प्यारी मॉम,

आपने ठीक कहा था कि आपके जाने के बाद मुझे अफसोस होगा, आप सही थीं। कोई ऐसा दिन नहीं बीतता, जब मैं आपके किसी अजीब मुहावरे को न दोहराता होऊँ—"क्या जल्दी यह सब बीतने वाला नहीं है?", "ओह, क्या एक काली स्कर्ट सारे पापों को नहीं ढक सकती है?" या चुपचाप आपका कोई पुराना अंधविश्वास पाले चलती हूँ। ओह, घर में छाता नहीं खोलना चाहिए। ओह, कभी कोई ऐसी चीज मत खरीदो, जिसके ऊपर चिड़िया बनी हुई हो। और मैं मन-ही-मन इस बात का अफसोस जताती हूँ कि मैं आपकी तरह होती जा रही हूँ।

हाँ! आप जब यह कहती थीं कि अच्छी चाय का एक प्याला सबकुछ ठीक कर देता है और घर में केक बनाने की कोशिश करनी चाहिए। "मैं हमेशा एक टिन मीठे बन और स्टफ मंकी रखती हूँ, ताकि कोई आ गया तो कुछ खाने को तो हो।" स्टफ मंकी? यह एक रसीला बिस्किट केक जैसा होता है, जिसमें किशमिश होती है। हे ईश्वर! मेरा मन अभी अपनी कॉफी के साथ इसे खाने को हो रहा है, जो अच्छे से कप-प्लेट में परोसी गई हो, न कि मग में। "चेहरे पर बस पॉण्ड्स की कोल्ड क्रीम ही लगानी चाहिए।" सही बात। बड़े अफसोस की बात है कि मैंने एक पात्र मृत सागर की मिट्टी अपने एक सप्ताह की कमाई देकर खरीदी थी, जिसको हटाने के लिए मुझे चुंबक का प्रयोग करना पड़ा!

आप जब कहती थीं कि रोजाना के जीवनयापन का खर्च बढ़ता जा रहा है, तब मैं चिल्लाते हुए कहती कि "मॉम, आप इन जूतों को पहनकर बाहर नहीं जा सकती हैं। ये प्लास्टिक के हैं।" आप जवाब देतीं, "29 पौंड में हेसल रोड से बोएस से खरीदा है।" मैं कितनी घमंडी थी! आप आजकल मुझे देखतीं तो हैरान हो जातीं! मैं उसी तरह से कहती हूँ, बोलती हूँ, जिस तरह से आप कहती थीं, "ओह मॉरीन, उनको यह चुटकुला सुना दो कि मेरे पास गुलदान नहीं है।"

डैड के निधन के बाद अपने नए फ्लैट में जाने के बाद आपने कहा, "ओह! मुझे यह फ्लैट बहुत पसंद है। मुझे तो यह काम कभी का कर लेना चाहिए था।" जब मैं अपने पुराने पारिवारिक घर के सामने से गुजरती हूँ तो बहुत भावुक हो जाती हूँ, जिसमें मुझे और जैक को रहना बहुत अच्छा लगता था। और फिर मैं भागकर बेसमेंट में अपने छोटे से फ्लैट में आ जाती हूँ।

और जब आपको यह पता चला, किस तरह से पेंशन पानेवालों के लिए हालात बदतर कर देने वाले थे, "ओह, तुमको इस बात पर भरोसा नहीं होगा, वे किस तरह से हर बार छुट्टी के लिए एक आदमी के लिए एक परिशिष्ट रखते हैं और लिफ्ट के पास आपको एक खराब सा कमरा दे देते हैं। इसके अलावा, वे आपको कैफे में इसलिए टेबल नहीं देते हैं, क्योंकि वे जोड़ों के लिए आरक्षित रहते हैं। मानो विधवा होना ही काफी न हो, इसलिए वे आपको इसकी सजा भी देते हैं।"

अब मैं अपने आप को वोलसेले में अकेली बैठकर खाते हुए पाती हूँ और जब वहाँ का वेटर मुझसे यह पूछता है कि शायद मैं अखबार पढ़ना चाहूँ, तो मैं अपने आपसे कह उठती हूँ, 'एक स्त्री कैफे में बिना यह जताए अकेली बैठ सकती है कि उसके पास समय है नहीं? इसलिए हाँ, मेरे लिए ईवनिंग स्टैंडर्ड देना प्लीज!'

जब मैं स्टूडियो से अपने एकल स्त्री शो तो कभी मैनचेस्टर में एकल शो के लिए भाग रही होती हूँ और अपने परिवारवालों से मिल रही होती हूँ तो मुझे अकसर आपकी याद आती है।

—मॉरीन

(मॉरीन लिपमैन ब्रिटेन की सबसे अच्छी फिल्मकारों, टी.वी. कलाकारों और स्टेज कलाकारों में से एक हैं। लगभग 50 वर्ष के अपने कॅरियर के दौरान उन्होंने दर्जनों नाटकों, फिल्मों और टी.वी. धारावाहिकों में अभिनय किया है, जिसमें 'एलेक गिनीज' भी शामिल है। उन्होंने अनेक पुस्तकें लिखी हैं, जिनमें 'लपि रीडिंग' भी शामिल है। वे 'द गार्जियन' तथा 'गुड हाउस कीपिंग' के लिए मासिक स्तंभ लिखती थीं। बी.बी.सी. पर उनका अपना शो है—'मॉरीन लिपमैन नाइट'। वे राजनीतिक अभियानकर्ता भी हैं। उनके दो बच्चे हैं।)

माइकल हॉकनी

मेरी प्यारी ममा,

आपको दुनिया से गए कुछ साल ही बीते होंगे। मैं अकसर इस बारे में सोचता रहता हूँ कि आपकी जिंदगी को किन चीजों से प्रेरणा मिली होगी और किस तरह से मेरी जिंदगी को। आप यॉर्कशायर में पलीं-बढ़ीं और आपने अपनी सख्त गवर्नेंस मिस बूथ के बारे में बताया था, जो मुक्ति सेना के संस्थापक की वंशज थीं। मैं पीछे मुड़कर देखता हूँ तो लगता है कि आप मेरे प्रति भी सख्त थीं।

आपने कई साल तक बैली डांस सीखा था, इसलिए यह कोई हैरानी की बात नहीं थी कि आप और पापा डांस फ्लोर पर इतनी सहजता से नृत्य करते थे। बैली डांस के दिनों की सुघड़ता, आपके कपड़े पहनने के ढंग तथा कहीं जाने के लिए बहुत सावधानी से कपड़े पहनने में दिखाई देता है।

मुझे लगता था कि द्वितीय विश्वयुद्ध के शुरुआती दिनों ने आपको अधिक प्रभावित नहीं किया था, क्योंकि तब भी आप टेनिस खेल रही थीं, पार्टियों में जा रही थीं, डांस कर रही थीं और अपनी मॉरिस कार में बैठकर घूमती रहती थीं। उसके बाद आपकी मुलाकात पापा से हुई, जो कैटरिक में सैन्य प्रशिक्षण पर थे और उन दिनों अपनी छुट्टियाँ मना रहे थे। मैं कल्पना भी नहीं कर सकती कि यह सब आपके लिए कैसा रहा होगा कि विवाह कर लेने के बाद तीन साल तक आप उन्हें देख तक नहीं पाईं। आप उस पीढ़ी की थीं, जो स्टोइकवादी थी और जो किसी चीज की अधिक परवाह नहीं करती थी।

युद्ध के बाद मैं आया। आप दोनों ने मुझे इतना कुछ दिया, साथ क्रिश्चियन एड, वर्ल्ड वाइल्ड लाइफ फंड, परिवार नियोजन तथा स्काउट आंदोलन के माध्यम से चर्च और समाज को भी बहुत दिया। आपके जाने के बाद आपके दोस्त मुझसे यह कहते थे कि आप बहुतों की अच्छी दोस्त थीं और अपनी मर्जी से और नियमित रूप से ऐसे लोगों को समय देती थीं, जो बीमार होते थे, घर में बंद रहते थे, अकेले रहते थे या अपने जीवन के अंतिम समय में होते थे।

आप और पापा खूब मनोरंजन करने वाले दंपती थे। घर में हमेशा ठहाके गूँजते रहते थे। हम जन्मदिन एवं वर्षगाँठ मनाते और खूब जमकर पार्टियाँ होती थीं। मुझे पता है कि पापा की मौत के बाद आपकी दुनिया पूरी तरह से बदल गई। आप दोनों का साथ 65 वर्ष से भी अधिक समय का रहा। आप बड़े पुराने घर में जूझती रहती थीं। उसके बाद आपको अल्जाइमर रोग हो गया और आप सबकुछ भूलने लगीं। सन् 2015 में क्रिसमस पर जब आप गंभीर रूप से बीमार हुईं तो हम लोगों ने यह फैसला किया कि आपको केयर होम में रखना चाहिए, जो हमारे घर के पास ही था।

सन् 2017 में क्रिसमस मनाते हुए हमारा समय कितना अच्छा बीता था—आपके दोस्तों के साथ लंच करते हुए, क्रिसमस कैरो लगाते हुए! उसके ठीक बाद 3 मार्च, 2018 को आप हम लोगों को छोड़कर चली गईं। आपने अपने जीवन को भरपूर जिया—पापा के लिए, मेरे लिए और एलिजाबेथ के लिए तथा बहुत सारे अन्य लोगों के लिए। शुक्रिया!

भरपूर प्यार के साथ,

—माइकल

(माइकल हॉकनी लंदन में लॉर्ड मेयर की बिग करी लंच कमेटी के सदस्य हैं, जो रानी की सेना के लिए तथा पूर्व सैनिकों की मदद के लिए धन की व्यवस्था करती है। वे इराक व अफगानिस्तान में काम करने वाले पूर्व सैनिकों के पुनर्वास में मदद करते हैं। प्रिंस चार्ल्स तथा राजपरिवार के अन्य सदस्य वहाँ अतिथि के रूप में आते हैं। वे अपनी पत्नी एलिजाबेथ के साथ रहते हैं।)

स्टीफन वेस्टबी

उन माँओं के लिए, जिनके बच्चे मर गए।

छोटे बच्चों के दिल का इलाज करने से अधिक सुख किसी चीज में नहीं मिलता; लेकिन वे मर जाते हैं तो उससे बड़ा दु:ख भी होता है। बहुत प्यार के साथ आप उनको अस्पताल में लेकर आते हैं। उनको साँस लेने में परेशानी हो रही होती है और वे नीले पड़ चुके होते हैं। आप दुआ कर रहे होते हैं कि शायद मैं कुछ मदद कर पाऊँ; लेकिन मैं उनको बेजान हालत में मुर्दाघर में भेज देता हूँ। मैं सिर झुकाए आकर उनको समझाता हूँ। उसके बाद आपके मन की हालत देखी नहीं जाती है। मैं सही-सलामत वापस चला जाता हूँ, जबकि आपके लिए यह मौत की सजा से कम नहीं होता है।

अपनी माँ से अधिक दूसरों से सहानुभूति रखने वाले इंसान को मैंने कभी नहीं जाना। बचपन में अपने जन्मदिन पर हम फूल लेकर किसी और स्त्री के पास जाते थे, जिसके बारे में मैं कई वर्षों तक समझ नहीं पाया। बाद में, मुझे यह बात समझ में आई कि जन्म के बाद मुझे और उनकी बच्ची को अगल-बगल के बिस्तर पर सुलाया गया था। मैं खूब रो रहा था। वह चुपचाप थी और अपनी माँ की गोद में उसने दम तोड़ दिया। उन दिनों उत्तरी स्टीलनगर में कुछ भी नहीं किया जा सकता था। इसके बाद मैंने देखा कि मेरे दादा का दिल का दौरा पड़ने से देहांत हो गया। मेरी माँ उन्हें दिलासा दे रही थीं। उनकी नाक व मुँह से गुलाबी झाग निकल रहा था। तभी मैंने यह फैसला किया कि मुझे हार्ट सर्जन बनना है।

बच्चों का दिल अखरोट के आकार का होता है। 1970 के दशक में जब मैं इस पेशे में आया तो अनेक बच्चे एक तकनीकी समस्या के कारण से मर जाते थे, क्योंकि उनका खून संक्रमित हो जाता था। मुझे इस भयानक समाचार को देने के लिए बार-बार भेजा जाता था, इसलिए मुझे मृत्यु और उसके कारण पैदा होने वाली तकलीफ से नफरत-सी हो गई। मैं इसलिए अमेरिका गया, ताकि जन्मजात दिल की बीमारी के बारे में बेहतरीन लोगों से सीख सकूँ। वहाँ के प्रमुख को यह पता था कि मैंने बायोकेमिस्ट्री की शिक्षा हासिल की थी, इसलिए उन्होंने मुझे एक रिसर्च परियोजना के बारे में बताया, जिससे इस बीमारी के बारे में जड़ से पता लगाया जा सके। इस शोध से असंख्य जानें बच पाईं और इसके बाद मैंने स्वयं बच्चों का ऑपरेशन शुरू किया।

युवा हार्ट सर्जन के रूप में जब मैं मध्य-पूर्व में था तो मुझसे एक सुंदर सोमालियाई शरणार्थी के मरणासन्न बच्चे के ऑपरेशन के लिए कहा गया। उस बच्चे के दिल के मुहाने पर एक बड़ा घाव था, जो उसके दिल के कामकाज को बाधित कर रहा था। मैंने ऑपरेशन किया। उसको अस्थायी रूप से एक पेसमेकर की जरूरत थी। उसका दिल सुबह तक सही तरीके से काम कर रहा था, लेकिन वह बच्चा मर गया। उसकी माँ दुनिया में बस एक ही चीज की परवाह करती थी, उसका बच्चा बच जाए, पर ऐसा हुआ नहीं, इसलिए परेशान हाल माँ अपने बच्चे की लाश को सीने से लगाकर छत से कूद गई। यह बहुत त्रासद था और माँ की मृत्यु के लिए मैं अपने आप को दोषी मानने लगा।

कई साल के बाद ऑक्सफोर्ड में मैंने एक ऐसे बच्चे की माँ से अपने विचार साझा करने के लिए कहा, जो अपनी बच्ची के जीवन के बारे में जानने का इंतजार कर रही थी। उसने यह लिखा—'जब किर्सटी जिंदगी व मौत की लड़ाई लड़ रही थी तो मेरा उत्तेजित मन बहुत अधिक सोचने लगा। अगर वह मर गई तो वे उसको मुर्दाघर में ठंडे में रख देंगे—उस निर्दयी जगह पर। अगर ऐसा हुआ तो मैं उसके साथ रहूँगी और उसको दफनाए जाने तक उसको गरम बनाए रखूँगी। मेरी बच्ची मेरी गोद में रहेगी और ईश्वर ऐसे किसी भी इंसान की मदद नहीं करेंगे, जो उसको मुझसे छीनने की कोशिश करेगा।' किर्सटी बच गई और अब वह बड़ी हो चुकी है।

अपने काम के दौरान मैं अपने मरीज को बचाने की हरसंभव कोशिश करता हूँ और आजकल मैं एक ब्रिटिश कृत्रिम दिल बनाने की कोशिश में लगा हूँ, जो कि हृदय प्रत्यारोपण का विकल्प होगा।

—प्रो. स्टीफन वेस्टबी

(प्रो. स्टीफन वेस्टबी जाने-माने हार्ट सर्जन हैं, जिन्होंने अपने लंबे और सम्मानित कार्यकाल के दौरान 11 हजार से अधिक ऑपरेशन किए हैं। उनके संस्मरण 'फ्रेजाइल लाइव्स' ने बी.एम.ए. प्रेसीडेंट्स चॉइस अवार्ड जीता और उन्हें 'कोस्टाबुक अवार्ड' के लिए भी शॉर्टलिस्ट किया गया था। उनकी अन्य पुस्तकों में शामिल हैं—'द नाइफ्स एज' एवं 'वाउंड केयर'। उन्होंने एन.एच.एस. के लिए भी चंदा एकत्र करने का काम किया, जहाँ उन्होंने 40 दिनों तक एक दिन की भी छुट्टी लिए बगैर काम किया। वे शुरुआती वर्षों में हर साल पाँच सौ से छह सौ लोगों के दिल का ऑपरेशन करते थे। उनके दो बच्चे हैं और वे अपनी पत्नी सारा के साथ रहते हैं।)

आशीष गोयल

प्यारी ममा,

मेरी सबसे सुखद स्मृति है एक प्लेट में खाना खाने की—डैड, निशा, और मैं। आप ताजी-ताजी गरमागरम रोटियाँ बनाकर हमारी प्लेट पर रखती रहती थीं और हम गिनना भूल जाते थे। आप हमलोगों के लिए स्वादिष्ट साग, तड़का दाल और बहुत सारे पंजाबी व्यंजन बनाती थीं। आपके प्रेशर कुकर की सीटी सुनकर मैं उछल पड़ता था। बीस साल की उम्र में पंजाब से दुल्हन बनकर आना आपके लिए बहुत मुश्किल था, क्योंकि आपको अंग्रेजी भी नहीं आती थी। उसके बाद मेरी बहन और मेरा जन्म हुआ। आपने खुद को हम लोगों की परवरिश में समर्पित कर दिया। मम्सकी टैक्सी थी, जो हम लोगों को हर जगह लेकर जाती थी; जबकि मुझे स्कूल बस में दोस्तों के साथ जाना अच्छा लगता था। आप स्कूल के बाहर मेरा इंतजार करती रहती थीं और फिर समझ जातीं कि मैं जा चुका हूँ। हम शाम के समय बाहर नहीं निकलते थे और शुक्रवार की शाम को हमें ट्रीट में न्यूज एजेंट मिस्टर पटेल से बॉलीवुड फिल्म की कैसेट मँगाकर दिखाई जाती थी। कई बार कैसेट का स्तर इतना खराब होता था कि सबकुछ धुँधला-सा दिखाई देता था। हम स्निकर चॉकलेट का एक बड़ा टुकड़ा खरीदते थे, जिसको आप चार हिस्सों में बाँट देती थीं। हर शुक्रवार की रात को चॉकलेट के दो टुकड़े खाने का मजा ही कुछ और था। हम लोगों को क्रिकेट से बहुत प्यार था। हम, यानी हम दोनों सुबह 4 बजे उठकर तेंदुलकर, द्रविड़ एवं सहवाग का खेल देखते थे और मैच में जब हाफ टाइम होता था तो आप हम लोगों के लिए पकौड़े तैयार करती थीं, चाहे उस समय दिन का कोई भी वक्त हो। मैंने पूरी कोशिश की कि आपको और डैड को कभी निराश नहीं करूँ। मुझे याद है कि एक बार वे मेरे साथ होमवर्क कर रहे थे और उन्होंने सिर हिलाया। मैं तुरंत खेलने के लिए भाग गया। जब मैं वापस आया तो उन्होंने पूछा कि क्या कहानी पढ़ने का काम पूरा कर लिया? मैंने हामी भरी तो वे प्रश्न पूछने लगे और मैं पकड़ा गया। उन्होंने कहा कि विश्वास बनाने में बहुत समय लगता है, लेकिन गँवाने में एक पल नहीं लगता है। मैं आठ साल का था और मुझे लगा था कि मैंने उनका विश्वास खो दिया है।

जब मैं भारत में लिली परियोजनाओं के स्थल पर गया तो मुझे महसूस हुआ कि मैं कितना कृतघ्न हूँ, क्योंकि मेरे पास इतना कुछ था। उन लड़कियों के पास नहीं करने के बहुत सारे कारण थे। मुझे उम्मीद थी कि वहाँ का माहौल गमगीन होगा। उनके चेहरे उतरे और उदास होंगे। लेकिन वे मुस्करा रही थीं और उन्होंने डांस करके भी दिखाया। मुझे तेरह साल की एक लड़की याद है, जिसको एक चकला घर से छुड़ाया गया था। वह हम लोगों को देखकर दिल से ऐसे मुस्कराई, लगा ही नहीं कि वह बनावटी मुस्कान थी। वह नृत्य करती थी, कराटे सीखती थी और वहाँ रहकर बहुत खुश थी। मैंने देखा कि डॉ. रोमा उसके लिए माँ के समान थीं और दोनों के बीच विश्वास का रिश्ता था। जब उस लड़की को छुड़ाकर लाया गया था तो डॉ. रोमा ने उस लड़की को पहली बार गले से लगाया था। वह स्पर्श एक माँ के स्पर्श जैसा था। मुझे भी एहसास हुआ कि मुझे इन बच्चों की मदद करनी चाहिए। अगर मैं ऐसी परिस्थिति में होता तो मेरा क्या हुआ होता? अगर हालात किसी और तरह के होते तो उनकी माँओं ने कुछ और फैसला लिया होता; लेकिन वे असहाय थीं। मुझे ग्लानि होती है कि हम हर बात की शिकायत करते रहते हैं, यहाँ तक कि किसी सुपर मार्केट में कोई खास ब्रांड न मिले तो उसकी भी शिकायत करने लगते हैं।

अब मैं विवाहित हूँ और आपने मेरी पत्नी को स्वीकार कर लिया है। आपने मुझसे कहा, रमन पहले नंबर पर है। मेरा नया घर है और नया व्यवसाय भी। जिंदगी ठीक तरह से चल रही है।

प्यार के साथ,

—आशीष

(आशीष गोयल ब्रान इन्वेस्टमेंट्स के सी.ई.ओ. हैं, जो एक पारिवारिक उद्यम है, जो ऐसे व्यवसायों में निवेश करता है, जो वेगन बिजनेस में व्यवसाय करते हों। अपने पारिवारिक व्यवसाय 'हॉलमार्क केयर होम्स' में साथ काम करने के बाद उन्होंने अपनी बहन के साथ मिलकर केयर होम्स बिजनेस की सह-स्थापना की। उन्हें क्रिकेट अच्छा लगता है और वे लंदन हाफ मैराथन चलाते हैं। वे लिली यूथ एंबेसडर हैं और सक्रिय रूप से उसके लिए धन जुटाते हैं। मानव तस्करी तथा शिक्षा से जुड़ी परियोजनाओं के साथ उनका गहरा लगाव है। वे अपनी पत्नी के साथ यू.के. में रहते हैं।)

कबीर केवलरमानी

माँ,

मैं आपको यह चिट्ठी इस अवसर पर लिख रहा हूँ, जब अपने सत्तर साल की उम्र में पुणे में साठ साल से ऊपरवालों के लिए आयोजित यूनिटीरन को लगातार दूसरे साल जीत लिया है। ऐसे मौकों पर हमारे पूरे परिवार को बेहद खुशी मिलती है। डैड हमेशा बड़े गर्व से आपका परिचय करवाते थे, "ये हैं मेरी पत्नी डॉ. गीता केवलरमानी।" डुबची और मुझमें—दोनों में आपका जीन बड़ी मात्रा में आया होगा।

जब आपके बारे में सोचता हूँ तो अंग्रेजी का एक ही शब्द याद आता है—'Anchore (एंकर)', यानी सबक सहारा। मैंने आपको हमेशा अपने साथ पाया—अनुशासन : होमवर्क के लिए जोर देना; जब मैं कुछ गलत करते हुए पकड़ा जाता तो आपका गुस्सा; प्रतिस्पर्धी : आपने मैथ में हम लोगों के साथ मुकाबला किया; भुलक्कड़ प्रोफेसर : चीजों का खो जाना; दोस्त : हम आज जो भी हैं, इनकी ही बदौलत हैं; हमेशा कुछ भी करने के लिए तैयार; तेज दिमाग : बहुत सारे विषयों की गहरी समझ; संतुष्ट : आप कभी शिकायत नहीं करती हैं; नजरिया : आपने हम लोगों को यह सिखाया कि जीवन को किस तरह से जीना चाहिए और प्रसन्न रहना चाहिए।

आपने मुझे परिवार का महत्त्व समझाया और यह भी कि हमें किस तरह से एक-दूसरे के लिए खड़े रहना चाहिए। मुझे याद है कि घर में नए मेहमान के आगमन पर आपने मुझे कितना उत्साहित कर दिया था—मुझे अपना दोस्त और भाई मिल गया। जब मैं बड़ा हुआ और आशू से मुझे प्रेम हो गया तो आपने एवं डैडी ने मेरा पूरा साथ दिया, जिसके कारण मैंने जिंदगी का सबसे अच्छा फैसला लिया। आशु मेरी पत्नी है। पिता के रूप में आपने जिस तरह से हमारी परवरिश की, मैंने भी वैसे ही किया। आज अनन्या खुश है, आत्मविश्वास से भरपूर है तथा बहुत मेहनती है और ऑस्कर के रेड कारपेट के लिए ड्रेस बनाती है।

मुझे याद है कि आप नियम से रोजाना चाय पीने के लिए यूनिवर्सिटी जाती थीं, और वह भी पूरी तरह से तैयार होकर, जिससे कि कहीं कोई आपके अंदर कोई कमी न निकाल सके। मैंने अपने पेशेवर जीवन में इस सिद्धांत को गाँठ बाँध लिया कि हमें हमेशा तैयार रहना चाहिए। काम शुरू करने से पहले खेल मेरा पहला प्यार था, न कि पढ़ाई। मुझे याद है कि जब मेरे खराब अंक भी आते थे, तब आप मुझसे कहती थीं, "कबीर, तुम तेज हो। तुम अच्छा करोगे।" जब मैं अपने पेशे में लड़खड़ाने लगा तो आपके इन शब्दों को याद करके मेरा आत्मविश्वास बढ़ा। जब मैं मुश्किल दौर से गुजर रहा होता हूँ तो आपकी वे अमर पंक्तियाँ याद आती हैं, "दूध छलकने पर कैसा रोना!" या "जो भी होता है, अच्छे के लिए होता है।"

ममा, मुझे आपका आशीर्वाद, आपका पेशेवर व्यवहार तथा खुशमिजाज स्वभाव, आपका कभी न हार मानने वाला रुख, जीने की ललक तथा इन सबके बीच आनंद से जीने का नजरिया बहुत अच्छा लगता है। आपकी पसंदीदा गायिका टीना चार्ल्स की पंक्तियाँ हैं, 'डांस लिटिल लेडी, डांस।' इसी तरह मस्ती से रहिए, माँ!

बहुत प्यार के साथ,

—कबीर

(कबीर केवलरमानी एक बड़ी निवेश फर्म बर्गगुएन होल्डिंग्स के प्रबंध निदेशक हैं। वे कई अन्य कंपनियों के बोर्ड में भी हैं, जैसे कीज होटल्स, कार क्लब, बर्गगुएन प्रॉपर्टीज आदि। उन्हें खेलों से प्यार है और वे वाटर स्कीइंग करते हैं, गोल्फ खेलते हैं, स्क्वैश खेलते हैं तथा पतंग भी उड़ाते हैं।)

संदीप भूतोड़िया

प्रिय माँ,

नागपुर की यह मेरी पहली यात्रा है और 'कलम' के उद्घाटन सत्र में एक बार फिर वही हुआ, जो जाहिर है कि पहली बार नहीं हो रहा था। दर्शकों के बीच से एक सज्जन पुरुष मेरे पास आए और मुझसे आपके बारे में तथा आपकी पुस्तकों के बारे में बात करने लगे, विशेष रूप से आपके स्त्रीवादी लेखन के बारे में। वे आपसे कभी मिले तो नहीं थे, लेकिन उन्होंने आपकी अनेक पुस्तकें पढ़ी थीं। वास्तव में, वे इस बात से खुश नहीं थे कि हम प्रभा खेतान फाउंडेशन की ओर से आपकी पुस्तकों पर कोई आयोजन नहीं कर रहे और न ही इन मंचों के माध्यम से आपके विचारों को लोकप्रिय बनाने का प्रयास कर रहे हैं।

'न्यूजलेटर' के पहले अंक को लेकर भी उनके विचार आलोचनात्मक ही थे, जिसे लेकर उन्हें लगता था कि उसमें आपके और आपकी रचनाओं के बारे में कुछ खास कार्य नहीं किया गया है। पिछले साल जब यूनिवर्सिटी ऑफ ट्यूरिन, रोम ने आपके लेखन पर एक कॉन्फ्रेंस का आयोजन किया गया था, तब वहाँ उपस्थित विद्वानों ने भी कुछ इसी तरह के विचार व्यक्त किए थे।

माँ, मुझे आज भी याद है कि एक बार हम कार द्वारा लेबनान से सीरिया जा रहे थे। तब हम युद्ध में होने वाली मौतों के विषय में बात कर रहे थे। उस समय आपने मुझसे कहा था कि आपकी मृत्यु के बाद हमारे अपने मंचों व संसाधनों का उपयोग आपकी रचनाओं एवं पुस्तकों के प्रचार-प्रसार के लिए नहीं किया जाना चाहिए। मैंने हमेशा आपकी यह बात याद रखी और वही करने की कोशिश की, जैसा कि आपने मुझे सिखाया था। लेकिन इसके लिए कई बार मेरी आलोचना होती है···यहाँ तक कि आपकी मृत्यु के बाद भी। जब मृत्यु तथा शोक के पारंपरिक कर्मकांड पूर्ण हो गए, तब उसके बाद मैंने आपके जीवन का उत्सव मनाया, ऐसा हमारे समाज में शायद पहली बार ही किसी ने किया होगा। उस मौके पर संगीत के कार्यक्रम आयोजित किए गए और अल्पाहार की व्यवस्था भी रखी गई। मेरे पास अभी तक आपकी हस्तलिखित टिप्पणी है, जिसमें आपने यह स्पष्ट निर्देश लिखे थे कि आपकी मृत्यु के बाद किस तरह के कर्मकांड किए जाएँ, उसमें एक विकल्प यह भी था कि आपकी देह को समुद्र के सुपुर्द कर दिया जाए।

यात्रा के दौरान या तो होटल की लॉबी में या लोगों से मेल-मुलाकातों के दौरान मुझे अकसर ऐसे लोग मिल जाते हैं, जो आपसे कभी मिले तो नहीं, लेकिन आपके लेखन के माध्यम से आपको बखूबी जानते हैं। वास्तव में, जब मैं आव्या के बारे में अपनी भावनाओं को रिकॉर्ड कर रहा था, तब उसमें मैंने बहुत सी बातें कहीं, जाहिर है कि मैंने उस दौरान आपके बारे में भी बहुत कुछ कहा। मैंने उससे यह भी कहा कि अपने जीवनकाल में उसका सामना कई बार ऐसे लोगों से भी होगा, जो आपसे परिचित होंगे, उन्होंने आपके बारे में सुन रखा होगा, वे आपकी पुस्तकों के बारे में जानते होंगे और उन्हें पढ़ा भी होगा। आव्या को आपकी ये सभी स्मृतियाँ आपसे विरासत के रूप में मिलेंगी, माँ!

आप मुझसे हमेशा कहती थीं कि असली भारत तो गाँवों, कस्बों या छोटे शहरों में रहता है। महानगर की संस्कृति भारत की वास्तविक छवि नहीं है। आज जब मैं भारत के उन कस्बों की यात्रा करता हूँ, फिर चाहे वह आगरा हो, मेरठ या रायपुर/ नागपुर हो, तब उन्हें देखकर मुझे यह बखूबी समझ में आता है कि आपके कहने का तात्पर्य क्या था।

मुझे अभी तक याद है कि 'प्रभा फाउंडेशन' का नाम 'प्रभा खेतान फाउंडेशन' करने को लेकर हमारे बीच कितनी बहसें हुई थीं और आपका कहना था कि प्रभा खेतान को कोई याद नहीं रखेगा, परंतु आज नागपुर में जब मैं यह देख रहा हूँ कि 'प्रभा खेतान फाउंडेशन' का विस्तार दो दर्जन से अधिक शहरों में हो चुका है, तब मैं यही सोच रहा हूँ कि काश! यह सब देखने के लिए आज आप जीवित होतीं। मृत्यु को अंगीकार करना आसान नहीं होता, लेकिन आपको जानने वाले यह जानते हैं कि आपके साथ तो जिंदगी ने भी न्याय नहीं किया।

प्यार के साथ,

—संदीप

(संदीप भूतोड़िया सांस्कृतिक कार्यकर्ता, समाजसेवी एवं लेखक हैं।)

उषा : एक पीड़िता की कहानी

माँ,

मेरा जन्म बिहार के भागलपुर की भयानक दुनिया में हुआ था। आपको, यानी मेरी बेचारी माँ को आपके अपने ही परिवार ने वहाँ भेज दिया था। हम भरतपुर के बेड़िया समुदाय से ताल्लुक रखते हैं और आपसे यह आशा की जाती थी कि आप पैसे घर भेजें। आपने निश्चय कर लिया था कि आप अपनी बेटियों को वैसा जीवन नहीं देंगी जैसा आप खुद भोगने को मजबूर थीं। उस तरह की पीड़ा और तकलीफ से अपनी बेटियों को नहीं गुजरने देंगी। इसलिए जब मैं तेरह साल की हुई, तब आपने मुझे वापस भरतपुर के पास अपने गाँव भेज दिया। मेरी बहन की शादी जल्दी हो गई थी। 'लिली चैरिटी' की मदद के कारण मैं स्कूल में पढ़ने गई। कक्षा बारहवीं की पढ़ाई के बाद मेरी शादी हो गई। लेकिन लिली चैरिटी के स्व-सहायता समूह की बदौलत मुझे कुछ काम मिल गया। चूँकि मैं पढ़ी-लिखी थी, इसलिए मैं अध्यापक हो गई और ट्यूशन पढ़ाकर कमाने लगी। 'लिली चैरिटी' ने मेरी मदद की। मैं व्यवसाय करने का सपना देखने लगी और मैंने बैंक से ऋण लेकर एक पुराना ऑटो रिक्शा खरीदा। मेरे पति उस ऑटो रिक्शे को चलाते और भगवान की दया से हम लोगों ने इतना अच्छा कमा लिया कि अपना सारा ऋण चुका दिया। इसके बाद मैंने फिर से ऋण लिया और अपने लिए एक दुकान खोल ली। हम कॉस्मेटिक्स एवं आर्टिफिशियल आभूषण बेचने लगे, जिसके बहुत से खरीदार थे। अब मैं अपने सिर के ऊपर छत चाहती थी, क्योंकि किराए के घर में किसी तरह की सुरक्षा नहीं होती थी। भगवान की कृपा से मैंने कमाई की और ऋण चुका दिया तथा अपने लिए हम लोगों ने एक छोटा सा घर भी बनवा लिया, जिसे हमसे कोई नहीं ले सकता था।

सबसे बड़ी बात यह कि मेरी बहन और मैं मिलकर आपको उस भयानक व कष्टकर दुनिया से निकाल पाए, जिसे आपको सहन करना पड़ रहा था। अब, जब मैं आपको अपने घर में शांति से रहते देखती हूँ तो इससे मुझे बहुत संतोष मिलता है। मैं अब उस बारे में सोचना भी नहीं चाहती हूँ कि आपने अपने जीवन में कितना कुछ भोगा है। मुझे वेश्यालय के वे दिन याद हैं। आपको ट्रक ड्राइवर एवं रिक्शा चलाने वाले बहुत पीटते थे, तरह-तरह से आपको पीड़ा पहुँचाते थे। एक ने तो आपके मुँह पर मुक्के से मारा भी था, जिससे आपकी नाक टूटते-टूटते बची थी। दलालों और ग्राहकों का बरताव इतना बुरा होता था कि उसे सहन कर पाना भी कठिन होता था। जातीय हिंसा एवं सांप्रदायिक संघर्ष के कारण बिहार में लोगों का मरना आम बात थी। आपको इस तरह से इसलिए रहना पड़ा, क्योंकि आपका कोई सहारा नहीं था; लेकिन आप अपनी बेटियों को इस नरक से बचाना चाहती थीं और आपने बचाया भी। अगर आप नहीं होतीं तो मैं भी बिहार के किसी चकलाघर में होती। पता नहीं आपने मुझे किस प्रकार से बचाया, जबकि मैं तेरह साल की उम्र तक वहाँ रही थी। अब मैं और मेरी बहन आपको शांतिपूर्ण जीवन दे सकते है, जिसमें आपके साथ न कोई हिंसा कर पाएगा और न ही दुर्व्यवहार।

मैं इस बात से खुश हूँ कि आपने मुझे पढ़ने के लिए भेजा और अब मेरे चारों बच्चे भी पढ़ रहे हैं। मैं चाहती हूँ कि वे मुझसे भी आगे जाएँ और बेहतर जीवन जीएँ।

—उषा

लिली की कहानी

4 साल की छोटी सी उम्र में एक लड़की को गुलामी के लिए 50 पौंड में बेच दिया गया। चंद पैसों के लिए उसे भयानक स्थितियों से गुजरा पड़ा, तब हमारी टीम ने दिल्ली के वेश्यालय से उसको निकालकर एक सुरक्षित घर में पहुँचा दिया। इस अभियान का नाम 'लिली' के नाम पर ही रखा गया। 'लिली' का लालन-पालन एक शेल्टर होम में किया गया और अब वह बाईस वर्ष की है।

उसकी कहानी से पता चलता है कि अच्छा और बुरा क्या हो सकता है! उसके साथ बलात्कार किया गया था और वह बुरी तरह से घबराई हुई थी। उसे इलाज तथा मानसिक रूप से काउंसलिंग की जरूरत थी। लेकिन उसको सुरक्षित माहौल में बहुत ध्यान से पाला-पोसा गया, जहाँ उसने अपनी पढ़ाई पूरी की। वह गाती भी बहुत अच्छा है। उसकी ख्वाहिश है कि वह माताओं को अपने बच्चों से प्यार करना सिखाए। 'लिली' को लगता है कि उसकी अपनी माँ, जो एक वेश्या थी और मादक द्रव्यों की आदी थी, उससे प्यार नहीं करती थी, यदि करती होती तो वह उसे कभी बेचती नहीं।

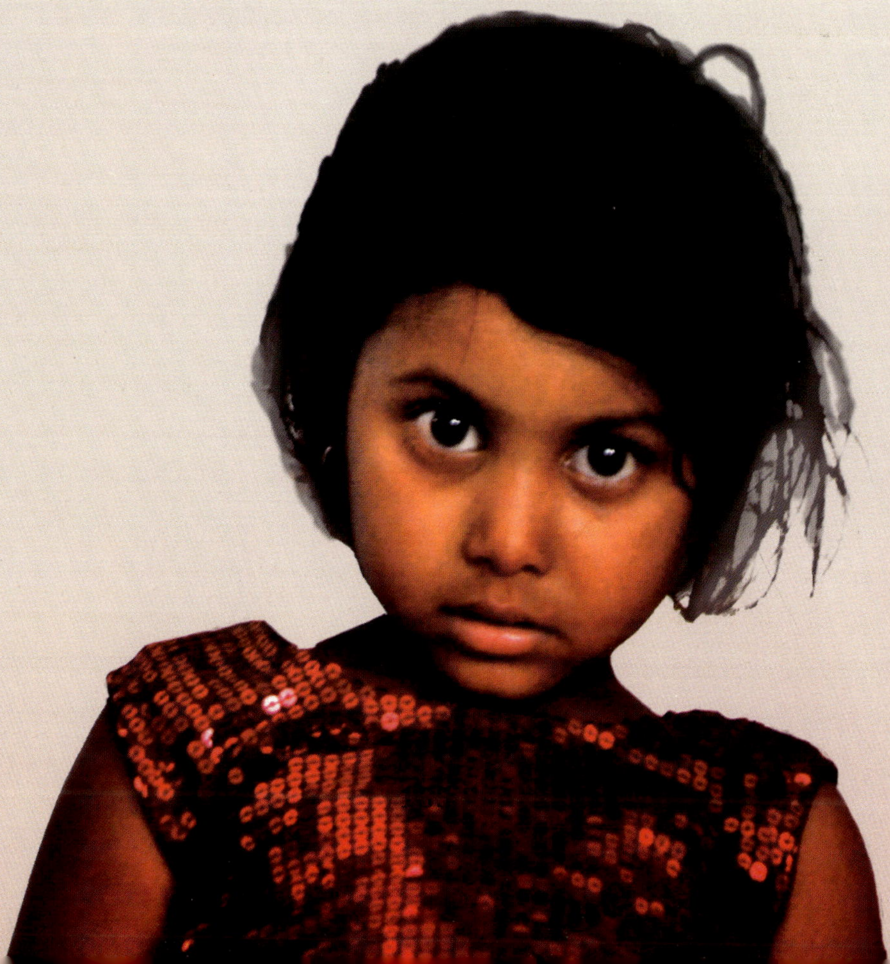